# 少年法

## ―その動向と実務―

## 【第四版】

編著　河村　博

東京法令出版

# はしがき（第四版）

　本書は、平成14年5月発刊の「少年法―その動向と実務―」（平成21年6月、平成26年11月各改訂）を、令和3年の少年法の改正を契機に、更に改訂するものである。

　令和3年の少年法改正は、公職選挙法の選挙権年齢や、民法の成年年齢の引下げなど、18歳及び19歳の者を取り巻く近年の社会情勢の変化に鑑み、これらの者について、少年法の適用においても、その立場に応じた取扱いをすることが適当であると考えられたことから、18歳及び19歳の少年に対する特例を整備するなどの措置を講じるためになされたものであり、18歳以上の特定少年について、全事件を家庭裁判所に送致する仕組みは維持した上で、①いわゆる原則逆送対象事件に死刑、無期又は短期1年以上の懲役、禁錮に当たる罪の事件を加える、②保護処分は、犯情の軽重を考慮して相当な限度を超えない範囲内でしなければならないこととするとともに、ぐ犯をその対象から除外する、③検察官送致決定後の刑事事件の特例に関する規定は原則として適用しないこととする、④18歳以上の少年のときに犯した罪により公判請求された場合には、いわゆる推知報道の禁止に関する規定を適用しないこととするなど、実務に少なからぬ影響を及ぼす内容を含むものである。

　本書は、これらの改正法の内容を盛り込んだ上で、引き続き、「その動向と実務」の解説を試みるものである。第4版の執筆者らは、令和3年の少年法改正に関与した者であり、改正法の趣旨・内容について基本的な理解が得られるよう配慮したつもりである。

　いずれにしても、本書が、引き続き、実務家や学生など読者の方々の少年法に対する理解や関心を深める一助となれば幸いである。

　令和5年6月

河　村　　博

# はしがき（第三版）

　本書は、平成14年5月に発刊した「少年法―その動向と実務―」（平成21年6月改訂）を、平成26年の少年法の改正を契機に、更に改訂するものである。

　少年法は、平成12年に少年事件の処分等の在り方の見直しを始めとする大規模な改正が行われ、その施行から13年余りが経過し、その運用は定着している。その一方で、少年法を取り巻く変化に対応すべく、①平成19年に、いわゆる触法少年に係る事件についての警察の調査権限を整備等する改正、②平成20年に、一定の重大事件の被害者等が少年審判を傍聴することができる制度の創設等する改正が行われ、これらの運用が定着してきている。

　そのような中、平成26年の通常国会で、少年審判手続のより一層の適正化を図るため、家庭裁判所の裁量による国選付添人制度及び検察官関与制度の対象事件の範囲を拡大するほか、少年に対する刑事事件における科刑の適正化を図るため、少年に対する不定期刑の長期と短期の上限の引上げ等の措置を講ずるための「少年法の一部を改正する法律（平成26年法律第23号）」が成立し、さらに、新たに少年院法（平成26年法律第58号）及び少年鑑別所法（平成26年法律第59号）が制定される（旧少年院法は廃止）など、少年を取り巻く法制度につき、実務に少なからず影響を及ぼす改正等がなされた。

　本書は、この平成26年の少年法の改正等を契機としつつ、新たな裁判例等をも適宜盛り込むなどして、「その動向と実務」の解説を試みるものである。執筆者らは、いずれも実務家でもある、平成26年の少年法改正、あるいはそれ以前の改正に関与した者であり、基本的な事項を分かりやすく紹介することに努めたところであるが、もとよりそ

の評価は読者諸賢に委ねるほかない。

　本書が実務家や学生など読者の方々の少年法に対する理解や関心を深める一助となれば幸いである。

　平成26年9月

名古屋高等検察庁

検事長　　河　村　　博

　3刷に当たり、強姦罪等の構成要件・罪名を改めた「刑法の一部を改正する法律」（平成29年法律第72号）等の法改正を踏まえ、関連する記述に補正を加えるとともに、統計数値につき直近のものを掲げることとした。


　平成30年4月

# はしがき（第二版）

　本書は、「少年法―その動向と実務―」（令文社）を改訂するものである。

　平成12年に、①少年事件の処分等の在り方の見直し、②少年審判の事実認定手続の適正化、③被害者への配慮の充実を内容とする少年法等の一部を改正する法律（平成12年法律第142号）が成立し、平成13年4月から施行された。同書はその施行から間もない平成14年に発刊されたものであるが、それから既に7年近い歳月が流れた。

　その間、平成12年改正法の運用が定着する一方で、平成19年に、少年非行の現状に適切に対処すること等を目的として、いわゆる触法少年に係る事件についての警察の調査権限の整備や、14歳未満の少年の少年院送致を可能とすること等を内容とする少年法等の一部を改正する法律（平成19年法律第68号）が成立し、同年11月1日から施行されている。また、平成20年には、少年審判における犯罪被害者等の権利利益の一層の保護等を図ることを目的として、一定の重大事件の被害者等が少年審判を傍聴することができる制度の創設等を内容とする少年法の一部を改正する法律（平成20年法律第71号）が成立し、同年12月15日から施行されている。

　これらの改正を経て、少年法をめぐる状況は、同書発刊時とは大きく異なるものとなっている。そこで、平成20年改正法が施行されて間もないこの時期にそれぞれの法改正の担当者らの執筆により同書を改訂することとした。すなわち、各改正の背景事情やこれによって導入された新たな制度についての解説を加えた上、それ以外の記述についても新規の判例を織り込むなどの加筆修正をし、さらに、各種制度の対象事件の一覧表や索引を掲載するなど利用者の便宜にも配慮し、新たに東京法令出版から刊行するものである。

　本書が実務家や学生など多くの読者の方々の少年法に対する理解を助け、その関心を深めていただく一つの契機となれば幸いである。

　平成21年6月

　　　　前最高検察庁公判部長（現千葉地方検察庁検事正）　　河　村　　博

# 「少年法―その動向と実務―」（令文社）のはしがき

　亀山継夫先生の「増補少年法および少年警察」の「第一部　少年法」は、捜査官向けに著された少年法の基本的テキストとして永らく親しまれてきたものであるが、前著の発刊以来約20年が経過し、その間、少年非行を取りまく内外の情勢に見逃せない変化が現れている上、実務や学説にも相当の展開が見られることから、平成13年４月１日から施行された少年法等の一部を改正する法律（平成12年法律第142号）により少年法自体が半世紀ぶりの大改正を経て、その運用が定着しつつあるこの機会に、同書を全面的に改訂したのが本書である。内容的には、先に「新警務全書」の一環として発刊したものに若干の補正を施したものとなっている。

　平成12年の少年法改正は、少年の健全な育成を期するという少年法の基本的な目的を維持しつつ、①少年事件の処分等の在り方の見直し（少年法における年齢区分の見直し、凶悪重大犯罪を犯した少年に対する処分の在り方の見直し等）、②少年審判の事実認定手続の一層の適正化（裁定合議制度の導入、検察官及び弁護士である付添人が関与した審理の導入、観護措置期間の延長等）、③被害者への配慮の充実（被害者等の申出による意見の聴取制度、被害者通知制度等の導入）の３点を柱として行われたものであったが、その施行後約１年が経過した現在の状況を見ると、新たに導入された各制度が活発に利用され、改正の趣旨が活かされていることが感じられる。本書は、この改正の背景事情や改正によって導入された新たな制度についても十分な理解が得られるよう配慮した。

　本書が多くの読者の少年法に対する理解を助け、その関心を深めていただく一助となれば幸いである。

　平成14年５月

法務省大臣官房審議官　　河　村　　博

# 凡　　例

主な法令については、下記のとおり略語を用いることがある。

| | | |
|---|---|---|
| 法 | → | 少年法 |
| 規則 | → | 少年審判規則 |
| 刑訴法 | → | 刑事訴訟法 |
| 刑訴規則 | → | 刑事訴訟規則 |
| 児福法 | → | 児童福祉法 |
| 犯捜規 | → | 犯罪捜査規範 |
| 少警規 | → | 少年警察活動規則 |

# 目　　次

**序　論**……………………………………………………………1

第1　現行少年法と旧少年法…………………………………1

第2　現行少年法の特色………………………………………3

　1　保護優先主義………………………………………………3

　2　家庭裁判所中心主義………………………………………5

　　(1)　全件送致主義……………………………………………6

　　(2)　職権主義的審問構造……………………………………6

第3　少年法の改正等…………………………………………7

**第1章　総　論**………………………………………………14

第1　少年法の目的……………………………………………14

第2　少年、保護者……………………………………………16

　1　少年の定義…………………………………………………16

　2　審判の対象となる少年……………………………………19

　　(1)　犯　罪　少　年…………………………………………19

　　(2)　触　法　少　年…………………………………………20

　　(3)　ぐ　犯　少　年…………………………………………21

　3　保　護　者…………………………………………………24

第3　年齢に関する若干の問題………………………………27

　1　少年法上の年齢区分………………………………………27

　2　年齢の認定、超過、誤認…………………………………31

　　(1)　年齢認定の基準時………………………………………31

　　(2)　年齢の認定方法…………………………………………31

　　(3)　年齢の超過、誤認………………………………………32

第4　少年事件の手続の流れ……………………………………34

　1　少年法の構成………………………………………………34

　2　保護事件と刑事事件………………………………………35

　3　手続の流れの概観…………………………………………37

　　⑴　犯　罪　少　年…………………………………………37

　　⑵　触法少年、ぐ犯少年……………………………………40

　4　手続の流れの概観図………………………………………41

第5　少年事件取扱い上の諸原則………………………………43

　1　取扱いの分離………………………………………………43

　2　懇切な審理…………………………………………………44

　3　秘　密　保　持……………………………………………45


第2章　捜査手続………………………………………………47

第1　捜　査　手　続……………………………………………47

第2　犯罪少年の事件の取扱い…………………………………50

　1　捜　　　　査………………………………………………50

　2　逮　　　　捕………………………………………………51

　3　勾留に代わる観護措置及び勾留…………………………51

　　⑴　勾留に代わる観護措置…………………………………52

　　⑵　勾　　　　留……………………………………………55

　4　警察における事件処理……………………………………57

　　⑴　事件の送致………………………………………………57

　　⑵　家庭裁判所への送致……………………………………58

　　⑶　検察官への送致…………………………………………62

　　⑷　簡　易　送　致…………………………………………62

　5　検察庁における事件処理…………………………………63

　6　交通事件の特則……………………………………………65

　　　(1)　交通切符制度······································65

　　　(2)　交通反則通告制度··································66

　　7　事件送致後の取調べ····································67

　第3　触法少年、ぐ犯少年の事件の取扱い··················68

　　1　触法少年、ぐ犯少年事件取扱いの法的根拠············69

　　2　触法少年の事件の処理································70

　　3　ぐ犯少年の事件の処理································72

　第4　捜査機関の処遇意見································74


第3章　家庭裁判所における調査・審判····················75

　第1　事件の受理········································75

　第2　審　判　条　件····································75

　第3　観　護　措　置····································81

　　1　観護措置決定及び更新決定··························81

　　　(1)　観　護　措　置································81

　　　(2)　観護措置決定の手続····························81

　　　(3)　観護措置の期間及び更新························82

　　2　観護措置決定・更新決定に対する異議申立て··········83

　第4　調　　　査········································84

　第5　審判開始決定・不開始決定························85

　第6　審　　　判········································86

　　1　審判の関与者······································86

　　　(1)　裁　判　所····································86

　　　(2)　少年・保護者··································87

　　　(3)　付　添　人····································88

　　　(4)　検　察　官····································91

　　2　審判の方式········································99

第7 審判の手続……………………………………………101

　1 審判の準備……………………………………………101

　2 審判手続の進行………………………………………101

　3 証拠調べの申出………………………………………102

　4 証人尋問等……………………………………………103

　5 意 見 陳 述……………………………………………105

　6 要保護性に関する審理………………………………105

　7 終局決定の告知………………………………………106

第8 中間的措置―試験観察…………………………………106

第9 終 局 決 定………………………………………………107

　1 審判不開始決定………………………………………107

　2 児福法上の措置………………………………………107

　3 検察官送致決定………………………………………108

　4 不処分決定……………………………………………108

　5 保護処分決定（18歳未満の少年に対するもの）…………109

　　⑴ 保護処分の決定と種類………………………………109

　　⑵ 保 護 観 察…………………………………………109

　　⑶ 児童自立支援施設等送致……………………………111

　　⑷ 少年院送致……………………………………………111

　6 保護処分決定（特定少年に対するもの）………………113

　　⑴ 保護処分の決定と種類………………………………113

　　⑵ 保 護 観 察…………………………………………115

　　⑶ 少年院送致……………………………………………116

　　⑷ 保護観察の遵守事項に違反した場合の少年院への収容…118

　　⑸ 未決勾留日数の算入…………………………………121

　7 刑事処分相当による検察官送致決定…………………122

　　⑴ 検察官への送致………………………………………122

　　　　（2）　原則逆送制度‥‥‥‥‥‥‥‥‥‥‥‥‥‥‥‥‥124

　　　　（3）　選挙犯罪等についての特例‥‥‥‥‥‥‥‥‥‥128

　第10　抗告及び抗告受理申立て‥‥‥‥‥‥‥‥‥‥‥‥‥‥129

　　1　抗　　　告‥‥‥‥‥‥‥‥‥‥‥‥‥‥‥‥‥‥‥‥‥129

　　2　抗告受理申立て‥‥‥‥‥‥‥‥‥‥‥‥‥‥‥‥‥‥129

　　3　抗告審の手続及び審理‥‥‥‥‥‥‥‥‥‥‥‥‥‥‥131

　　4　再　抗　告‥‥‥‥‥‥‥‥‥‥‥‥‥‥‥‥‥‥‥‥131

　第11　被害者等に対する配慮‥‥‥‥‥‥‥‥‥‥‥‥‥‥‥132

　　1　被害者等による記録の閲覧及び謄写‥‥‥‥‥‥‥‥132

　　2　被害者等の申出による意見の聴取‥‥‥‥‥‥‥‥‥136

　　3　被害者等による少年審判の傍聴‥‥‥‥‥‥‥‥‥‥139

　　4　被害者等に対する説明‥‥‥‥‥‥‥‥‥‥‥‥‥‥‥143

　　5　審判結果等の通知‥‥‥‥‥‥‥‥‥‥‥‥‥‥‥‥‥145

　第12　保護処分の取消し‥‥‥‥‥‥‥‥‥‥‥‥‥‥‥‥‥146


第4章　逆送後の事件処理‥‥‥‥‥‥‥‥‥‥‥‥‥‥‥‥148

　第1　検察庁における事件処理‥‥‥‥‥‥‥‥‥‥‥‥‥148

　　1　家庭裁判所からの逆送‥‥‥‥‥‥‥‥‥‥‥‥‥‥‥148

　　2　逆送後の身柄拘束の関係‥‥‥‥‥‥‥‥‥‥‥‥‥148

　　3　事件の処理‥‥‥‥‥‥‥‥‥‥‥‥‥‥‥‥‥‥‥‥150

　　　（1）　起訴強制‥‥‥‥‥‥‥‥‥‥‥‥‥‥‥‥‥‥‥150

　　　（2）　起訴強制の例外‥‥‥‥‥‥‥‥‥‥‥‥‥‥‥‥151

　　　（3）　公訴の提起‥‥‥‥‥‥‥‥‥‥‥‥‥‥‥‥‥‥152

　第2　公　　　判‥‥‥‥‥‥‥‥‥‥‥‥‥‥‥‥‥‥‥‥152

　　1　手続上の特則‥‥‥‥‥‥‥‥‥‥‥‥‥‥‥‥‥‥‥152

　　2　家庭裁判所への移送‥‥‥‥‥‥‥‥‥‥‥‥‥‥‥‥153

　　3　刑事処分の特則‥‥‥‥‥‥‥‥‥‥‥‥‥‥‥‥‥‥153

6

　(1)　死刑、無期刑の緩和‥‥‥‥‥‥‥‥‥‥‥‥‥‥153

　(2)　不 定 期 刑‥‥‥‥‥‥‥‥‥‥‥‥‥‥‥‥‥156

　(3)　仮釈放可能期間の特則‥‥‥‥‥‥‥‥‥‥‥‥162

　(4)　少年院における刑の執行‥‥‥‥‥‥‥‥‥‥‥163

　(5)　換刑処分の禁止‥‥‥‥‥‥‥‥‥‥‥‥‥‥‥165

　(6)　人の資格に関する法令の適用の特則‥‥‥‥‥‥165

　第3　特定少年の特例‥‥‥‥‥‥‥‥‥‥‥‥‥‥‥167

　　1　勾留要件の加重等‥‥‥‥‥‥‥‥‥‥‥‥‥‥167

　　2　取扱いの分離‥‥‥‥‥‥‥‥‥‥‥‥‥‥‥‥168

　　3　不定期刑及び仮釈放‥‥‥‥‥‥‥‥‥‥‥‥‥169

　　4　労役場留置の禁止‥‥‥‥‥‥‥‥‥‥‥‥‥‥169

　　5　資格制限の緩和‥‥‥‥‥‥‥‥‥‥‥‥‥‥‥170


**参考資料**‥‥‥‥‥‥‥‥‥‥‥‥‥‥‥‥‥‥‥‥‥171

　少年法における各種制度等の対象事件の一覧‥‥‥‥‥171

　少年の年齢に応じた少年法上の措置について‥‥‥‥‥172

　故意の犯罪行為により被害者を死亡させた罪‥‥‥‥‥173

　故意の犯罪行為により被害者を死傷させた罪‥‥‥‥‥175

**索　引**‥‥‥‥‥‥‥‥‥‥‥‥‥‥‥‥‥‥‥‥‥‥178

# 序　論

## ◆第1　現行少年法と旧少年法

　現行の少年法（昭和23年法律第168号）は、旧少年法（大正11年法律第42号）を全面改正した形で、昭和24年1月1日から施行された。

　旧少年法においては、その対象は18歳未満の者とされ、検察官が、訴追の必要がないと認めた少年のうち保護を必要とすると認めた者を行政機関である少年審判所に送致し、少年審判所が保護処分を行うという制度がとられていた。したがって、検察官が刑事処分か保護処分かを選択するという点において（いわゆる検察官先議）、制度的には刑罰優先の色彩が強いものであった（もっとも、実際の運用においては、それほど刑罰優先になっていたわけではないが、最初に刑罰が必要かどうかが判断され、必要でないと判断された後に保護処分の要否が判断されるのであるから、考え方の基礎は刑罰優先であった。）。これに対して現行少年法は、対象となる少年の年齢を20歳未満にまで拡大した上、少年事件処理の中心に家庭裁判所をすえ、家庭裁判所が刑罰か保護処分かの選択をすることとした。行政機関である少年審判所に代えて司法機関である家庭裁判所に保護処分を行うこととさせたのは、主として、保護処分を受ける少年の人権保障を考慮してのことであるが、同時に、刑事処分か保護処分かの第一次的選択を検察官でなく家庭裁判所に行わせることによって、少年に対しては保護処分を優先させるという考え方を強く打ち出したものといえる。実際の運用においても、道路交通法違反事件や過失運転致死傷等事件などの特殊な

事件を除く一般の少年事件については、例えば、令和2年においては、その約66.7パーセントが保護処分にも至らない審判不開始・不処分で終局し、約24.0パーセントが保護処分となっており、刑事処分を受けるのが相当として検察官送致されるものは約0.4パーセントにすぎない。

　現行少年法は、第二次大戦後の占領下に制定されたものであり、アメリカ法の影響を強く受けているといわれるが、世界各国の少年法制を概観すると、大ざっぱにいって、アメリカ型・西欧型・北欧型の三つのタイプがある。アメリカ型は、少年の保護事件を専門に取り扱う特別の裁判所—少年裁判所—を設け、少年事件は原則としてそこで処理され、刑事処分を必要とする場合には通常の刑事裁判所に移送するというやり方であり、今世紀初頭ごろからアメリカにおいて特に発達し、ほとんどアメリカの全州において採用されている。我が国の現行少年法もタイプとしてはこの型に属するといってよい。ただ、アメリカにおいては、1970年代以降、少年裁判所における手続において適正手続保障が重視されるとともに、刑事裁判所で刑事処分をすることができる範囲を拡大し、少年事件の刑事司法化が進んでいる。西欧型は、通常の刑事裁判所あるいはその中の専門部が、少年向きに修正された刑事訴訟手続によって少年事件を審理した上、刑事処分か保護処分かを選択して言い渡すというやり方であり、フランス、ドイツ、イタリア等西欧諸国の大部分の法制がこれに属する。北欧型は、検察官が起訴を猶予ないし放棄した少年について、少年保護を職責とする行政委員会が保護処分の要否等を審査するやり方であり、スウェーデン、ノルウェー、デンマーク等がこれに属する。我が国の旧少年法も型としてはこれに類似していたといってよい。

# ◆第2　現行少年法の特色

　少年法は、犯罪に関係する少年に対する特別の取扱方法—処理手続と処遇—を定める法律である。何に対して特別かといえば、それは、20歳以上の者に対比して特別な取扱いということを意味する。20歳以上の者が犯罪を犯せば刑事手続によって審理され、刑罰を受ける。しかし、少年に対しては、20歳以上の者と同じに取り扱うのは適切でないというのが少年法の基本的発想である。この基本的発想を実現するための現行少年法の最も大きな特色は、取扱方法の基本的原理の面では保護優先主義を原則としていることであり、制度的・手続的な面では家庭裁判所中心主義をとったことである。

## 1　保護優先主義

　犯罪を犯した者に対してはこれに刑罰を加えることによって、社会正義を実現し、将来の犯罪を防止し、社会秩序の維持を図らなければならない。この要請は、犯罪を犯した者が少年である場合にも同様に妥当する。他方、少年は、愛護され、心身ともに健やかに育成されなければならないのであって、そのためには、少年の両親だけでなく、社会全体が健全育成の責任を担わなければならない。したがって、何らかの原因で適切な保護教育を欠いている少年に対しては、適切な保護の手段が講じられなければならず、この要請は、その少年がたとえ犯罪を犯した少年であっても全く変わりがない。少年事件は、正にこの二つの、時として互いに矛盾対立する要請のぶつかり合う場なのであり、少年法はこれを保護優先という基本原則で調整しようとするところに最大の特色がある。すなわち、現行少年法は、犯罪を犯した少年についても、原則としては刑事責任を追及せず、その少年の保護・

教育のための処遇を優先させ、例外的に、刑罰を科することがその少年の保護・教育という面からも最善の手段となるような場合及び秩序維持の要請上刑罰を科する必要がある場合にのみ、少年に対して刑事責任を追及することとしているのである。

少年に対する上記のような基本的考え方は、歴史的には、刑罰の効果に対する反省、刑事政策的考慮の発展から生じてきた。犯罪を犯した者は、その責任、すなわち、それに対して向けられる社会的非難の大小に応じて処罰される。この原則は、人は、自己の行動についてその是非善悪を弁別し、その弁別に従って自己の行動を統御する能力を有するということを前提としている。そこで、いまだ思慮分別の定まらない少年については、当然大人と同じように責任を問うことはできないから、一定年齢以下の少年については刑事未成年として、その行為の責任を問わないこととされるのである（刑事未成年の限界は、国によって異なるが、7歳位から14歳位までの範囲で定められている。）。しかし、それ以上の少年についても、大人と同じような刑罰を科することでよいのか、大人に比べて責任が小さい場合が多いのではないか、また、可塑性の大きい少年に対して刑罰という社会的非難の烙印を押すことは、かえって少年の更生を妨げ、ひいては犯罪防止の目的にも沿わないのではないか等といった考慮から、少年に対しては、刑罰に代えて保護処分—社会的非難という要素のない教育的保安処分—をという考え方が生じてきたのである。

一方、親のない少年とか親から適切な監護を与えられない少年に対しては、国の責任で保護を与えていかなければならないというのも古くから認められてきた考え方である。そうして、少年の犯罪の発生原因等に対する犯罪学的・社会学的・心理学的認識が深まるにつれて、少年の犯罪は、種々の原因からくる、社会に対する不適応の現れであり、これを治すために最も保護を要する者であるという考え方が強く

なってきた。すなわち、犯罪少年は、犯罪という形で、最も痛切に保護の必要を現しているとみられるのであり、これに対して適切な保護教育を与えることができない親に代わって、国が親となって適切な保護教育を施す必要があるという、いわゆる国親〔くにおや〕—Parens Patriae—思想が強調されてきたのである。

## 2　家庭裁判所中心主義

　現行少年法の実体的側面における特色を保護優先主義とすれば、手続的側面における特色は家庭裁判所中心主義である。

　前節で説明したように、少年法には、少年の保護・福祉を図るという福祉的機能がある。いわば、国親としての機能である。しかし、この機能は、犯罪を契機として発動されるのであり、犯罪を犯したという当の少年にとっては不利益な事実を認定した上、どのような処分が適当かを判断しなければならない。これは、いわば司法的機能である。司法的機能の発動に当たっては、何よりも判断の公正と対象となる少年の人権の保障が要求される。この二つの機能は、ある場合には矛盾対立する要素を持っている。例えば、福祉的な立場から見れば、犯罪の嫌疑が多少薄くてもその少年について現に保護が必要であれば、保護の措置が講じられなければならない。しかし、司法的な立場から見れば、犯罪の嫌疑があやふやなまま公権力の発動としての処分がなされてはならないのである。また、少年の保護の立場からは、できるだけ煩雑な手続にとらわれることなく、自由に適宜の措置をとり得ることが望ましいのに対し、司法的機能の側からは本人の権利が保障されるような明確な手続が要請される。少年に対する処遇についても、福祉的立場からは、専ら少年の保護の必要性という見地から処分の要否・種類が決定されなければならないのに対して、司法的な立場からは、本人の責任、再犯の防止、社会秩序の維持という点も考慮さ

れなければならない。このような二つの機能を調和させ、その機能を十分に発揮させるために、現行少年法は、少年事件処理手続の一連の流れの中核に家庭裁判所を据え、公正な判断者である司法機関としての家庭裁判所に福祉的機能の主宰者としての役割をも与えることとしたのである。

　現行法の家庭裁判所中心主義は、次のような点に現れている。

## (1) 全件送致主義

　20歳以上の者の犯罪については、全ての事件が裁判所に起訴されるわけではない。検察官による起訴猶予（刑訴法248条）や警察限りで処理してしまういわゆる微罪処分（同法246条ただし書）などによって、多くの事件が裁判所にまで行かずに処理される。これに対して、少年事件の場合は、いかに軽微な事件であっても、起訴猶予や微罪処分のように捜査機関限りで事件を終了させることは許されず、捜査機関は全ての事件を家庭裁判所に送致しなければならない。捜査機関のみならず、一般人も、家庭裁判所の審判に付すべき少年を発見したときは、これを家庭裁判所に通告（家庭裁判所に通報し、その職権発動を促す通知行為をいう。）することを義務付けられている（法6条1項）。このように、少年法は、全ての事件を家庭裁判所に集中し、家庭裁判所による適切な保護を受けさせようとしており、これを一般に全件送致主義という。

## (2) 職権主義的審問構造

　通常の裁判では当事者というものがあり（民事では原告と被告、刑事では検察官と被告人）、裁判所は、両当事者に自分の言い分を主張・立証させ、第三者としての立場から判断を下すのであるが、少年事件では、基本的には家庭裁判所とその調査・審判の対象となる少年という関係しか存在せず、対立的な当事者というものはない。そこでは、家庭裁判所が自ら事実を調査し、自己の裁量で手続

を進め、少年に最も適切な処遇を発見するというやり方がとられている。これを職権主義的審問構造と呼んでいる。少年は、付添人を付することができ（法10条）、また、一定の場合には検察官も少年審判に関与することができるが（法22条の２）、このような付添人や検察官の役割も、刑事訴訟における弁護人や検察官と全く同じというわけではなく、少年にとっての最善の処遇を発見するための裁判所の協力者という性格であると理解されている。

　以上のように、現行少年法は、家庭裁判所中心主義をとり、家庭裁判所を、いわば、国親の代表としているのであるが、このことは、他の関係機関は何も責任を負わなくてよいということを意味するものでもなければ、家庭裁判所が唯我独尊であってよいということでもない。後に説明するように、少年事件の手続は、捜査の段階から処分執行の段階まで複雑な流れをたどるが、その全過程において少年の健全な成長を図るという大きな目的が指向され、実現されなければならない。少年事件の手続の流れには、非常に多くの機関が関与するが、その全ての間において家庭裁判所を中心とする連絡協調が保たれなければ、少年の保護は期し難い。少年法は、家庭裁判所に権限を集中し、いわば、家庭裁判所からの縦の線を主として規定しているが、それだけに、いわば横の連絡協調が重要である。

# ◆第3　少年法の改正等

1　少年法の改正については、昭和24年の現行少年法の施行直後から問題となり、昭和45年６月に法務大臣から法制審議会に対し、諮問第27号が発出された。この諮問は、青年層を設置し、18、19歳の年長少年に対する審判手続を根本的に改めることなどを主な内容とする少年法改正要綱についてのものであった。法制審議会少年法部会

においては、この青年層設置の可否をめぐって激しい議論が行われたが、約5年を経ても結論を得るに至らなかったことから、この問題は一応棚上げとし、現行少年法の基本的構造の範囲内で、差し当たり改正すべき事項について、昭和51年11月に中間報告を行い、法制審議会はこれを受けて、昭和52年6月に法務大臣に中間答申を行った。しかし、この中間答申に対しても、日本弁護士連合会を中心として、これに反対する強い意見があったことなどから、その改正の実現には至らなかった。

2　ところが、平成5年1月に発生したいわゆる山形マット死事件を契機として新たな展開が見られた。すなわち、同事件を始めとして、少年審判における事実認定が問題となって社会の耳目を集める事件が相次いだことから、少年審判における事実認定手続の在り方が厳しく問われるようになり、また、平成9年5月に発生した神戸市内における中学生による児童連続殺傷事件を始めとして、少年による凶悪重大な事件が相次いで発生したことから、国民の間には、少年審判手続や少年事件に対する関心とその予防に向けた各種施策の実現への期待が従来にも増して高まるに至った。このような状況に鑑み、法務省は、少年審判における事実認定手続の一層の適正化を図るため、裁定合議制や検察官関与等を盛り込んだ「少年法等の一部を改正する法律案」を立案し、同法律案は、平成11年3月、第145回国会に提出されたものの、平成12年6月の衆議院の解散により廃案となった。

　一方、平成12年に入ってからも、少年による凶悪重大犯罪が相次いだことなどから、少年の規範意識を向上させるため、より適切な厳しい処分を可能とすべきであり、また、少年犯罪の被害者にも十分な配慮をすべきであるとする声が高まった。そこで、与党議員において、前述の政府案の内容に加えて、刑事処分可能年齢の引下

げ、原則逆送制度の導入、被害者やその遺族の申出による意見聴取や記録の閲覧・謄写制度等を盛り込んだ「少年法等の一部を改正する法律案」が立案され、同年 9 月29日議員提案により第150回国会に提出され、同年11月28日に成立し、平成13年 4 月 1 日から施行された。ここに、現行少年法は、約半世紀ぶりに本格的な改正を見るに至った。

3　その後、少年人口に占める刑法犯の検挙人員の割合が増加し、強盗等の凶悪犯の検挙人員が高水準で推移していたことや、いわゆる触法少年による凶悪重大事件も発生するなど、少年非行が深刻な状況にあったことを踏まえ、平成15年12月、内閣総理大臣を本部長とする青少年育成推進本部が策定した「青少年育成施策大綱」において、①いわゆる触法少年の事案について、警察機関が必要な調査を行うことができる権限を明確化するための法整備について検討すること、②触法少年についても、早期の矯正教育が必要かつ相当と認められる場合に少年院送致の保護処分を選択できるよう、「少年院法」の改正を検討すること、③保護観察中の少年について、遵守事項の遵守を確保し、指導を一層効果的にするための制度的措置につき検討することが示された上、同じく同月に、犯罪対策閣僚会議が策定した「犯罪に強い社会の実現のための行動計画」においても、非行少年の保護観察の在り方の見直し及び触法少年事案に関する調査権限等の明確化について検討することが取り上げられた。

　これらを受け、法務省は、平成17年 3 月 1 日、「少年法等の一部を改正する法律案」を立案し、第162回国会に提出したが、同年 8 月の衆議院の解散により廃案となった。

　平成18年 2 月24日、上記法案と同様の内容の「少年法等の一部を改正する法律案」が第164回国会に提出され、同法律案は、第166回国会において、衆議院による修正を経て、平成19年 5 月25日に成立

し、同年11月１日から施行された。

4　さらに、平成12年の法改正により、少年保護事件の被害者等による記録の閲覧及び謄写の制度（法５条の２）、被害者等の申出による意見の聴取の制度（法９条の２）、審判結果等の通知の制度（法31条の２）が導入されるなど、少年審判手続における被害者等に対する配慮の充実が図られてきたが、多くの犯罪被害者等にとって、その被害から回復して平穏な生活に戻るためには依然として様々な困難があり、更なる施策の充実が求められていた。

　こうした状況の下、平成16年12月、犯罪被害者等基本法が成立し、その基本理念として、「すべて犯罪被害者等は、個人の尊厳が重んぜられ、その尊厳にふさわしい処遇を保障される権利を有する。」と規定され（同法３条１項）、また、同法を受け、平成17年12月、政府が取り組むべき具体的な施策等を定め、少年法については、「法務省において、平成12年の少年法等の一部を改正する法律附則３条により、同法施行後５年を経過した場合に行う検討において、少年審判の傍聴の可否を含め、犯罪被害者等の意見・要望を踏まえた検討を行い、その結論に従った施策を実施する」こととする犯罪被害者等基本計画が閣議決定された。

　また、犯罪被害者等に係る施策に関するものではないが、かねてから、法37条１項に掲げる少年の福祉を害する成人の刑事事件により適切に対処するため、その裁判権を家庭裁判所から地方裁判所等へ移管することが必要であるとの指摘がなされていた。

　こうした犯罪被害者等基本法の成立や上記基本計画の策定等を踏まえ、法務省においては、少年審判における犯罪被害者等の権利利益の一層の保護等を図るために必要な法整備を行うため、「少年法の一部を改正する法律案」を立案し、同法律案は、平成20年３月７日、第169回国会に提出された後、衆議院による修正を経て、同年

　６月11日に成立し、一部の規定を除き、同年12月15日から施行され
た（被害者等の申出による意見聴取の対象者の拡大に関する規定
は、同年７月８日から施行された。）。

5　その後、法務省において、犯罪被害者団体関係者、法曹関係者、
刑事法研究者らによる平成20年の法改正についての見直しの要否等
に関する意見交換会が実施されたが、同意見交換会において、①家
庭裁判所の裁量による国選付添人制度及び検察官関与制度の対象事
件の範囲拡大、②少年に対する不定期刑の長期と短期の上限の引上
げなど少年の刑事事件に関する処分の規定の見直しを行うべきであ
るとする意見が寄せられた。また、平成24年７月に犯罪対策閣僚会
議において取りまとめられた「再犯防止に向けた総合対策」におい
ても、再犯防止のために「少年・若年者及び初入者に対する指導及
び支援」を行うことが求められていた。さらに、少年の刑事事件に
関する処分の規定については、裁判例や現職の裁判官執筆の論文に
おいても、平成26年改正前の不定期刑の上限が５年以上10年以下と
なっていることにより、実際の裁判において適正な量刑を行うこと
ができない事案が生じている、成人に対する刑との関係で適切さを
欠く場合があるなどの指摘がなされていた。

　そこで、法務省においては、①家庭裁判所の裁量による国選付添
人制度及び検察官関与制度の対象事件の範囲拡大、②少年の刑事事
件に対する処分の規定の見直しを内容とする「少年法の一部を改正
する法律案」を立案し、同法律案は、平成26年２月７日、第186回
国会に提出された後、同年４月18日に成立し、少年の刑事事件に対
する処分の規定の見直しは同年５月８日から、家庭裁判所の裁量に
よる国選付添人制度及び検察官関与制度の対象事件の範囲拡大は、
同年６月18日からそれぞれ施行された。

6　なお、第186回国会において、少年院法（平成26年法律第58号）

及び少年鑑別所法（平成26年法律第59号）が成立し、それらの施行（平成27年6月1日）に伴い、これまでの少年院法（昭和23年法律第169号）は廃止された。新たに制定された少年院法、少年鑑別所法においては少年院視察委員会、少年鑑別所視察委員会が設置されるなど少年院及び少年鑑別所の運営の透明性を図るための措置が講じられたほか、少年院及び少年鑑別所における処遇について定められた。また、少年院の名称について、これまで初等少年院、中等少年院、特別少年院、医療少年院とされていたものが、第一種少年院、第二種少年院、第三種少年院、第四種少年院とされた（なお、以下、両法に関する記述は、基本的に新法を前提とする。）。

7　一方で、平成19年5月に成立した「日本国憲法の改正手続に関する法律」（平成19年法律第51号）及びその一部改正法（平成26年法律第75号）により、18歳以上の者に、憲法改正に係る国民投票の投票権が認められた。

　　また、平成27年6月、選挙権年齢を18歳に引き下げること等を内容とする「公職選挙法等の一部を改正する法律」（平成27年法律第43号）が成立し、その附則11条において、「国は、国民投票の投票権を有する者の年齢及び選挙権を有する者の年齢が満18年以上とされたことを踏まえ、選挙の公正その他の観点における年齢満18年以上満20年未満の者と年齢満20年以上の者との均衡等を勘案しつつ、民法、少年法その他の法令の規定について検討を加え、必要な法制上の措置を講ずるものとする。」とされた。

　　そして、民法については、平成30年6月、「民法の一部を改正する法律」（平成30年法律第59号）が成立し、令和4年4月1日以降、成年年齢が18歳に引き下げられることとなった。

　　このような中、法務省においては、18歳及び19歳の者について、「特定少年」と呼称し、①いわゆる原則逆送対象事件に、死刑又は

無期若しくは短期1年以上の懲役若しくは禁錮に当たる罪の事件を加える、②保護処分は、犯情の軽重を考慮して相当な限度を超えない範囲内においてしなければならないこととするとともに、ぐ犯をその対象から除外する、③検察官送致決定後の刑事事件の特例に関する規定は、原則として適用しない、④特定少年のときに犯した罪により公判請求された場合には、いわゆる推知報道の禁止に関する規定を適用しないなどの特例等を整備するとともに、更生保護法、少年院法等の関係法律について所要の措置を講ずる「少年法等の一部を改正する法律案」を立案し、同法律案は、令和3年2月19日、第204回国会に提出された後、同年5月21日に成立し、令和4年4月1日から施行された。

# 第1章　総　論

## ◆第1　少年法の目的

　少年法は、「少年の健全な育成を期し、非行のある少年に対して性格の矯正及び環境の調整に関する保護処分を行うとともに、少年の刑事事件について特別の措置を講ずることを目的とする」（法1条）。

　序論で説明したように、少年法は、犯罪やこれに類する非行という形で問題性を露呈した少年に対して適切な保護の手を差し伸べることとしている。一般に、犯罪とそれに対する刑罰については刑法が、刑罰を実現する手続については刑訴法がそれぞれ基本法となっているのであるが、少年法は、少年の健全育成という見地からこれらの基本法の特則を設けている。この意味では、少年法は、刑法、刑訴法の特別法であり、刑事司法手続の一環をなしている。

　犯罪を犯せば刑罰を科せられる。これが社会秩序を維持するための基本原則である。しかし、少年については特別の考慮を要する。少年は、心身ともに未成熟で極めて可塑性に富むから、悪にも染まりやすい反面、教育可能性も大きい。したがって、刑罰という社会的非難を中核とする処分を加えるよりは、保護処分という教育的処分をした方が、本人の社会復帰を容易ならしめ、ひいては公共の福祉によりよく寄与するという場合が多いであろう。これが刑よりも保護処分をという少年法の基本的発想である。しかし、犯した罪の内容や少年の状況によっては、刑事処分を科す方が適当な場合もあろう。このような観点から、少年法は、保護処分だけでなく、刑事処分を科すことも認

め、多様な措置をとることができるようにしている。

　また、刑訴法の目的は、公共の福祉の維持と個人の基本的人権の保障とを全うしつつ、事案の真相を明らかにすることであり（刑訴法1条）、このことは少年法においても妥当する。事案の真相の究明は、刑罰法令を適正に適用実現するための不可欠の前提であるのみならず、適切な保護処分ないしは保護的措置がなされるための前提でもある。真相が明らかにされるということが、少年の改善更生のための基本的条件であり、誤った事実認定の上に立って決定され、施される保護処分では決して適正とはいえず、その効果も期待し難い。しかしながら、そうであるからといって少年審判手続が刑事訴訟手続と同一でなければならないわけではない。少年審判手続により科すことができる処分は、刑罰ではなく保護処分であり、少年にとって最も適切な処分が選択できるよう、形式的・画一的ではなく、柔軟な手続であることが望ましい。また、手続の全体が少年に対する保護となるように、すなわち、少年の情操を害することなく、その健全育成に寄与するという積極的な教育的配慮が施されるものとなる必要がある。このような観点から、少年審判手続においては、刑事訴訟手続のように、検察官と被告人・弁護人とが当事者として攻撃・防御を尽くし、裁判所が第三者として判断する「当事者主義的対審構造」ではなく、家庭裁判所が自ら手続を主宰し、検察官や付添人が関与する場合も審判の協力者として関与する「職権主義的審問構造」がとられている。

　さらに、少年法は、犯罪少年のみならず、厳密には罪を犯したとはいえない触法少年やぐ犯少年をも対象とし、「少年の健全な育成」を目指し、保護処分をその手段として掲げており、福祉的機能を併せ持っている。保護処分の主たるものは、保護観察と少年院送致であるが（法24条）、少年に対する保護の手段は、保護処分だけではない。むしろ、少年を取り扱い、その処遇を決定していく手続そのものが少

年の健全育成を図るという大きな目的に寄与するものとして構成されていなければならない。その意味では、少年に対する捜査手続といえども少年保護の一環を形成するものであることを忘れてはならない。

なお、少年法の目的の一つとして、かつては「少年の福祉を害する成人の刑事事件について特別の措置を講ずる」ことが規定されていたが、平成20年の法改正により、少年の福祉を害する成人の刑事事件について規定した法37条及び38条の規定が削除されたことに伴い、少年法の目的からそのような事件について特別の措置を講ずることは削除された。

## ◆第2　少年、保護者

### 1　少年の定義

少年法において、「少年」とは20歳に満たない者をいう（法2条1項）。

年齢は、「年齢計算ニ関スル法律」（明治35年法律第50号）により、出生日を起算点として、暦に従って計算する（民法143条）。すなわち、20回目の誕生日の前日の終了とともに満20歳に達し、少年ではなくなる。20歳未満の者であれば全て少年であり、男女の別、内外人の別（日本に駐留する米国軍隊の構成員や外交官の家族等については、我が国で裁判できない場合があるが、これは刑事裁判権の有無の問題であり、少年法適用の有無の問題ではない。）、外国籍少年の本国法による取扱い（アメリカ法上は成年者とみなされる米軍隊構成員たる少年の場合につき、東京高判昭32・6・19高裁特報4・13・309参照）等は、少年法の適用上何ら差異を生じない。

立法論として少年法の適用年齢の上限を何歳にするかということ

は、少年法の目的に照らして種々の考慮から決められるもので、必ず
しも心理学的あるいは教育学的区分からのみ決せられるものではな
い。また、他の法規における年齢区分との整合性も十分考慮しなけれ
ばならないが、かといって、必ずしも常に一致しなければならないも
のではない。我が国の法制上用いられる年齢区分で少年に関して特に
重要なものは、18歳と20歳である。

　旧少年法は、18歳未満の者を少年としていた。児福法は、小学校就
学の始期から満18歳に達するまでの者を少年とし（同法4条）、18歳
未満の者を同法の対象としている。民法では、18歳に満たない者を未
成年者としているが（民法4条）、これは民事法の範囲内のことで、
少年法の適用には影響がなく、20歳未満であれば少年法が当然に適用
される。

　参考までに諸外国の例を見ると、少年法の適用年齢の上限は18歳と
するところが多い。例えば、アメリカ合衆国の連邦及び大部分の州、
イギリス、フランス、ドイツ、カナダ、イタリア等は18歳未満を少年
としている。他方、ドイツのように、18歳以上21歳未満の者を「青
年」として、少年と同じではないが、成人とも異なる特別の取扱いを
しているものもある。しかしながら、世界の大勢は、少年法を適用し
て成人とは異なる取扱いをする少年の年齢上限を上記のように18歳と
しており、これを超えて21歳くらいまで少年法の適用を拡大している
国でも、18歳の線で区別し、それ以上の少年については、それ以下の
少年とも成人とも異なる取扱いをすることとしていることが分かる。

　我が国においても、18歳以上の年齢層を区別して取り扱うことの肯
否が議論されてきたところである。まず、昭和52年6月に法制審議会
が法務大臣に対して行ったいわゆる「中間答申」において、18歳以上
の年長少年の事件については、18歳未満の中間少年・年少少年とはあ
る程度異なる特別の取扱いをすべきこととされた。また、平成12年の

少年法改正の国会審議においても少年法の適用年齢の在り方が議論された。さらに、日本国憲法の改正手続に関する法律において、憲法改正に関する国民投票権を有する年齢を満18歳以上の者とすることに伴い、同法附則3条1項において「年齢満18歳以上満20歳未満の者が国政選挙に参加することができることとなるよう、選挙権を有する者の年齢を定める公職選挙法、成年年齢を定める民法その他の法令の規定について検討を加え、必要な法制上の措置を講ずるものとする」（この規定は、日本国憲法の改正手続に関する法律の一部を改正する法律（平成26年法律第75号）により削除され、同法附則3項で「年齢満18歳以上満20歳未満の者が国政選挙に参加することができること等となるよう、国民投票の投票権を有する者の年齢と選挙権を有する者の年齢の均衡等を勘案し、公職選挙法、民法その他の法令の規定について、検討を加え、必要な法制上の措置を講ずるものとする」とされた。）とされた。そこで、平成30年6月、「民法の一部を改正する法律」が成立し、令和4年4月1日以降、成年年齢が18歳に引き下げられることとなったことも踏まえつつ、少年法の適用対象年齢を満18歳未満に引き下げるべきか否かが検討され、令和2年9月に法制審議会が法務大臣に対して行った答申において、18歳及び19歳の者について、選挙権及び憲法改正の国民投票権を付与され、民法上も成年として位置付けられるに至った一方で、類型的に未だ十分に成熟しておらず、成長発達途上にあって可塑性を有する存在であることからすると、刑事司法制度において、18歳未満の者とも20歳以上の者とも異なる取扱いをすべきであるとされた。そして、この答申を受けて行われた令和3年の法改正において、18歳及び19歳の少年を「特定少年」と呼称することとされ、種々の特例等が設けられた（以下、18歳及び19歳の少年を「特定少年」という。）。

## 2　審判の対象となる少年（非行少年）

　少年法は、上記の意味での少年のうち一定の事由のあるもの、すなわち、いわゆる犯罪少年、触法少年及びぐ犯少年を家庭裁判所の審判の対象としている（法3条）。

### (1)　犯罪少年（法3条1項1号）

　犯罪少年とは、罪を犯した少年のことであるが、14歳未満の少年の行為は刑法上犯罪とならないから（刑法41条）、結局、14歳以上20歳未満で罪を犯した少年をいうことになる。犯罪少年というためには、犯罪の種類を問わないから、過失犯や特別法犯等でもよいが、単に刑罰法規に触れる行為があったというだけでは足りず、違法性及び有責性も具備するものでなければならないとするのが通説である。違法性阻却事由がある場合、例えば、正当行為（同法35条）、正当防衛（同法36条）、緊急避難（同法37条）等の場合には犯罪少年とならないことについては争いがない。心神喪失（同法39条）あるいは期待可能性がないなど有責性を欠く場合については、刑事未成年者の場合は後に述べる触法少年として少年法の対象となることや、保護処分が非行に対する非難ではないこと、実際に医療少年院送致が可能である方が望ましいことなどを理由に、犯罪少年として審判の対象としてよいという考え方もあり、そのような裁判例もないわけではないが、保護処分が純然たる福祉的措置ではなく、犯罪という社会的非難の帰せられるべき事由の存在を基礎とし、これを契機として、公権力による強制的処分を行おうとするものであることに鑑みると、有責性を欠く場合、すなわち社会的非難を帰責し得ない場合には、犯罪少年として家庭裁判所の審判に付することはできないと解するのが相当であろう（静岡家決平7・12・15家月48・6・75等）。単に刑が減軽され又は免除されるにすぎな

い場合、例えば、過剰防衛（刑法36条2項）、過剰避難（同法37条1項ただし書）、自首等（同法42条）、親族相盗（同法244条等）などの場合は、犯罪そのものは成立しているのであるから、犯罪少年として審判の対象となる。

(2) 触法少年（法3条1項2号）

触法少年とは、14歳に満たないで刑罰法令に触れる行為をした少年である。14歳未満の少年は刑事未成年者であり、たとえ刑罰法令に触れる行為があっても犯罪とはいえないので、犯罪少年と区別して規定を設けたのである。年齢の点を除いては、犯罪少年と同様の要件を満たしていなければならない。

触法少年について注意すべきことは、家庭裁判所は、触法少年については当然には審判権を持たず、都道府県知事又は児童相談所長から、児福法の規定に基づき（同法27条1項4号、32条）、送致を受けた場合に限って審判に付することができる点である（法3条2項）。すなわち、触法少年については、児福法が少年法に優先して適用されるのであり、先に述べた家庭裁判所中心主義の例外となっている。これは、このようなごく年少の少年については、第一次的には強制措置を伴わない純然たる福祉的保護措置を考える方が適当であるという理由に基づくものであり、14歳未満の非行少年は（触法少年のみならず、ぐ犯少年も）、全て児童相談所に通告又は送致され、児童相談所長及び知事によって児福法上の措置（児福法27条等）がとられた上で、知事等からの送致を待って初めて家庭裁判所による、より強力な保護手段がとられることになるのである。もっとも、警察官が法6条の6の規定に基づいて児童相談所長に送致した事件のうち、①故意の犯罪行為により被害者を死亡させた罪、②①のほか、死刑又は無期若しくは短期2年以上の懲役若しくは禁錮に当たる罪に係る刑罰法令に触れるものである場合には、児童相談

所長は「調査の結果、その必要がないと認められるとき」を除き家庭裁判所に送致しなければならないとされている（法6条の7第1項）。

　誤って捜査機関から触法少年が直接家庭裁判所に送致された場合には、後に説明するように審判条件を欠くことになるから、家庭裁判所では審判不開始の決定をした上、家庭裁判所調査官から児童相談所に通告することになる。なお、行為をした時は14歳末満であったが、現在は14歳に達している少年については、児童相談所等に通告又は送致すべきか、家庭裁判所に直接送致できるか、説が分かれており、14歳という年齢限界を設けたのは、単に家庭裁判所の審判権の範囲を画する便宜のためだけではなく、責任能力の限界を加味してのことであるから、児童相談所等に通告又は送致すべきであると解する立場が通説とされてきた（犯捜規215条参照）。しかし、少年法における年齢の基準時は、後述のように原則として、それぞれの処理時点で判断されるべきものである上、触法少年について児福法を優先させるのは、行為時に何歳であったかが重要なのではなく、現にどのような処遇が適当かという考慮に基づくものであるから、触法少年であっても捜査機関が取り扱っている間に14歳に達した場合には、直接家庭裁判所に送致できると解する立場が、最近ではむしろ有力になりつつあるといわれている。

(3)　ぐ犯少年（法3条1項3号）

　ぐ犯少年とは、①保護者の正当な監督に服しない性癖のあること、②正当の理由がなく家庭に寄り付かないこと、③犯罪性のある人若しくは不道徳な人と交際し、又はいかがわしい場所に出入すること、④自己又は他人の徳性を害する行為をする性癖のあることの4つの事由（ぐ犯事由）のうち一以上に該当し、かつ、その性格又は環境に照らして、将来、罪を犯し、又は刑罰法令に触れる行為を

するおそれ（ぐ犯性）のある少年をいう。旧少年法では、単に刑罰法令に触れる行為をするおそれのある少年とされていたが、現行法では、人権保障上の観点から、犯罪に至るおそれが定型的に大きいと考えられる特定の具体的事情が客観的に存在することを要件とした。したがって、①ないし④の事由は、例示的なものではなく、いわばぐ犯の構成要件であり、不良性・ぐ犯性があると認められる少年であっても、これらの事由に該当しないものは、ぐ犯少年として家庭裁判所に送致できず、児福法に基づく児童相談所への通告を考慮し、あるいはいわゆる不良行為少年として適宜補導の措置等をとることになる。

　ぐ犯少年であって14歳未満の者については、触法少年の場合と同様、家庭裁判所は当然には審判権を持たず、児福法が優先する（法３条２項）。また、14歳以上18歳未満のぐ犯少年については、警察官又は保護者は、直接家庭裁判所に送致し、又は通告するより、まず児福法上の措置に委ねるのを適当と認めるときは、直接児童相談所に通告することができる（法６条２項。なお、この場合の取扱いにつき少警規33条参照）。他方、特定少年については、家庭裁判所はぐ犯による保護処分をすることはできない（法65条１項）。

　少年の行為がぐ犯事由にも当たるが犯罪の構成要件にも当たるというような場合や、ぐ犯事由もあるが犯罪をも犯しているという場合がある。このような場合には、理論的には、ぐ犯少年にも、犯罪少年にも当たり得ると思われるが、ぐ犯少年という概念は犯罪少年に対して補充的な意味を有するものであるから、第一次的には、犯罪が認定し得るか否かが判断されなければならない。したがって、犯罪が認められるのにぐ犯として立件するようなことは相当でない。犯罪とぐ犯事由とが両方とも認められる場合には、犯罪少年として取り扱えば足りる。

　法に掲げられたぐ犯事由は、いずれもかなり抽象的であるから、その適用に当たっては、ぐ犯事由が要件とされる理由、すなわち、一面においては、これらの事由が犯罪に至る可能性が経験上大きいものであること、他面において、これらの事由が恣意的な認定を防ぐことによって人権保障に資するものであることを考慮して慎重に判断されなければならない。ぐ犯少年を家庭裁判所の審判の対象とするのは、放置しておけば犯罪を犯すに至るおそれが大きい少年に対して、犯罪の一歩手前で保護の手を差し伸べようとする趣旨に出るものであるから、前述のぐ犯事由の存在が犯罪を誘発する危険性をどの程度含んでいるかということを具体的事情に照らして判断することになる。

　①の事由については、家出の常習などは通常これに当たり得るが、保護者の「正当な監督」に服さないことが要件であるから、家出についてもっともな理由のある場合などは、これに当たらない。

　②の事由についても、「正当の理由」のないことが要件である点に注意を要する。

　③の事由は、かなり不明確で、相対的な概念であるから、犯罪を誘発するような好ましくない交際又は不健全な場所であるかどうかということを具体的事情に即して個別的に判断する必要がある。暴力団構成員、賭博常習者、麻薬、覚醒剤等の薬物の乱用者などは、通常「犯罪性のある人」あるいは「不道徳な人」に当たるであろうが、単に前科がある者というだけでこれに当たるとすることはできない。「いかがわしい場所」というのも、地域的な事情等によって規制される相対的な概念であり、例えば、単に風俗営業店であるというだけでは足りないかもしれないが、場所的環境、その店の雰囲気、客層、少年の年齢等の事情から、これに当たる場合が多いと思われる。

　④の事由は、必ずしも犯罪的行為には限られず、社会通念上好ましくないとされる行為であり、例えば、性的な悪習を他人に強いる習癖のある場合などもこれに当たり得る。

　なお、上記①④の事由が過度に広範で不明確であるとして、規定の合憲性が争われた事件において、最決平成20年9月18日裁判集刑事295・133は、「これらの規定が所論のように過度に広範であるとも、不明確であるともいえない。」とした。

## 3　保護者

　少年法における保護者には、少年に対して法律上監護教育の義務ある者（法律上の保護者）と少年を現に監護する者（事実上の保護者）とがある（法2条2項）。

　法律上の保護者は、民法等の法律により少年に対する監護教育の義務を負っている者をいうところ、親権者（民法820条）、未成年後見人（同法857条）、親権代行者（同法833条、867条）、子の監護者（同法766条、771条、749条、788条）、児童福祉施設の長（児福法47条）等がある。児福法上の保護者と異なり、少年を現に監護していることは必ずしも必要ではない（同法6条参照）。

　事実上の保護者は、事実上少年を現に監督保護している者をいうと解されているところ、例えば、住込みの雇主、寮、寄宿舎等の責任者、親代わりに面倒をみている親族などが挙げられよう。監護しているというためには、必ずしも同居している必要はないが、単なる職務上の監督では足りず、ある程度全人格的な、生活全般にわたる保護監督をしているものでなければならない。したがって、単なる雇主とか職場の上司や学校の教員等が事実上の保護者と認められる場合は少ないであろう。法律上の保護者と事実上の保護者の両方がある場合もあり得るが、事実上の保護者を認める必要があるのは、主として、法律

上の保護者がないか、あるいは、あっても全く監護をしておらず、その能力もない場合であるから、法律上の保護者の存在が明らかであって、監護能力もあるような場合には、そのほかに事実上の保護者を認める必要はない。

　なお、令和3年の法改正においても、保護者の定義は改められていない。このうち、特定少年については、民法上は成年であり、監護権（民法820条）の対象外であることから、法律上の保護者は存在しない。他方、事実上の保護者について、民法上の成年者についても「現に監護する者」が法律上存在し得るという解釈と、存在し得ないという解釈があり、実務上は、一般に、後者の解釈が採られているとされている。

　保護者は、少年法においては二重の意味で重要な存在である。すなわち、保護者は、少年にとって一番近しい存在であり、少年の保護について第一次的責任を負っているものであるから、少年の保護・矯正を考えるについては、保護者の協力がなければほとんど実効を期待し難い。のみならず、非行の原因として保護者に問題がある場合も少なくない。その意味では、少年の保護に当たっては、少年と共に、実質的には保護者をも考慮の対象としなければならない。他方、少年は、知識も思慮分別も未熟であるから、手続法上の諸権利を適切に行使し、適正な審判を受け得るためには、適当な者の補助を必要とするが、この意味でも保護者の役割は重要である。そこで、少年法においては、保護者に種々の権利・義務を認めている。例えば、付添人選任権及び自ら付添人となる権利（法10条）、審判立会及び意見陳述権（規則25条、30条）、抗告権（法32条）、調査・審判に応ずる義務（法11条）などが主たるものである。

　これらは、家庭裁判所の手続における役割であるが、捜査段階においても保護者の役割は重要であり、少年事件の捜査に当たっては常に

保護者に関する配意を怠ってはならない。犯捜規が、少年の被疑者の呼出し又は取調べに当たっては、原則として、保護者等に連絡するものとしているのも（犯捜規207条）、同じ趣旨である。

　また、非行の原因はしばしば保護者の側に問題があることに鑑み、平成12年の法改正によって、家庭裁判所における保護者に対する措置に関する明文の規定が設けられ、家庭裁判所は、必要があると認めるときは、保護者に対し、少年の監護に関する責任を自覚させ、その非行を防止するため、調査又は審判において、自ら訓戒、指導その他の適当な措置をとり、又は家庭裁判所調査官に命じてこれらの措置をとらせることができるものとされた（法25条の2）。保護者に対する訓戒等の措置については、実務上従来から行われているところであるが、これを法律に明定することによって、裁判官等が積極的に訓戒等の措置をとることが期待されることとなり、ひいては、少年の再非行の防止に一層資することになると考えられる。訓戒、指導以外の「その他の適当な措置」としては、適切な助言や講義・講習への参加の勧誘等があり得よう。

　さらに、このような趣旨は、家庭裁判所における手続の間だけでなく、保護処分の執行段階においても当てはまるものであり、かつ、保護者に対して引き続き適切な指導等を行うことで、一層の効果が期待できることから、平成19年の法改正においては、少年院在院中の者及び保護観察中の者についても、保護者に対する措置を明文で規定することにより、各執行機関においてより積極的に措置を行うことが期待されることから、少年院法17条2項及び更生保護法59条において、少年院の長及び保護観察所の長による保護者に対する措置の規定が設けられた。

## ◆第3　年齢に関する若干の問題

### 1　少年法上の年齢区分

　少年法においては、少年の年齢によって、取扱いの方針や手続を変えたり、処遇方法を変えたりすることが多いので、ここで少年法上の年齢区分を取りまとめておく（少年の年齢に応じた少年法上の措置については巻末の一覧表参照）。

　①　12歳　年齢の低い方から見ると、まず12歳のところで一つの区切りがある。

　　すなわち、被害者等による少年審判の傍聴の対象事件に関し、特に低年齢の少年については、被害者等による傍聴を認めることによる影響が大きいなどと考えられたことから、中学校に入学する年齢を目安に、12歳に満たない少年に係る事件については傍聴の対象から除外されている（法22条の4第1項）。

　　なお、家庭裁判所において少年院に送致することができる少年の年齢についても、同様に中学校に入学する年齢を一応の目安としつつ、一定程度弾力的な処遇を可能とすべく、おおむね12歳以上の者とされている（少年院法4条1項1号、3号）。

　②　14歳　次に14歳のところで区切りがある。14歳の区分は、三つの意味で使われる。

　　一つ目は、犯罪少年と触法少年を分ける区切りであり、行為時に14歳以上であれば犯罪少年となるのに対し、14歳未満であれば触法少年となる。これは、その少年に刑事処分を科することができるか否かに関する区分でもある。平成12年の法改正前においては、家庭裁判所における処分のとき、16歳未満の少年について

は、刑事処分を相当として検察官送致決定をすることはできな
かったが（平成12年の法改正前の法20条ただし書）、改正によ
り、行為時に14歳以上であれば、処分時に16歳未満であっても、
検察官送致決定が可能となった。また、犯罪少年の場合には観護
措置期間の特別更新（法17条4項ただし書）及び検察官関与決定
（法22条の2第1項）ができるが、触法少年の場合はこれらの制
度は適用されない（詳しくは後述（第3章第3の1(3)、第6の1
(4)ア）のとおり）。

　二つ目は、ぐ犯少年について、児福法上の措置を優先させる
か、少年法を優先させるかについての区切りであり、14歳未満の
ぐ犯少年については前者が優先する。この場合には、各関係機関
のそれぞれの処理時において14歳未満であるかどうかを基準とす
ることになると解される。例えば、警察でぐ犯少年を取り扱った
場合、その事件を処理しようとする時点で少年が14歳未満であれ
ば児童相談所に通告し、14歳以上になっていれば、原則として家
庭裁判所に送致又は通告することになる。

　三つ目は、家庭裁判所が保護処分の決定をするに際し、少年院
送致が例外的に許されるかについての区切りである。すなわち、
平成19年の法改正により、それまでのように年齢によって一律に
区別するのではなく、個々の少年が抱える問題に即して最も適切
な処遇を選択できるようにするため、14歳未満の少年であっても
少年院送致をすることができることとされたが（下限がおおむね
12歳以上とされていることは上記①のとおり。）、決定のときに14
歳に満たない少年に係る事件については、「特に必要と認める場
合に限り」、少年院送致の保護処分をすることができることとさ
れており（法24条1項ただし書）、14歳未満という低年齢の少年
の施設内処遇は児童福祉施設で行うのが原則であって、少年院送

致は児童自立支援施設送致等の他の保護処分によってはその目的を達し得ない場合に限って例外的に許されるものであるということが法律上明確にされている。

③　16歳　16歳という区切りは、上記②のとおり、平成12年の法改正前は、刑事処分を相当とする検察官送致決定が可能であるか否かの点で重要な意味を持っていたが、改正により、その意味を失った。代わって、同年の改正により原則逆送制度が導入され、その対象が行為時に16歳以上の少年に限られていることから、この点でなお意味を有することとなる。

④　18歳　18歳という年齢区分は、社会生活上は、種々の面で重要な意味をもっているが（例えば、自動車運転免許等各種の免許、公務員等の採用資格、都道府県の青少年保護育成条例による規制等）、少年法上は、18歳に達すると児福法上の措置をとり得なくなる（児福法は18歳未満の少年を対象としているので、18歳を超えると、児童相談所等への通告はできなくなる。）ほか、「特定少年」として、種々の特例が適用されることとなる点が重要である。この年齢の認定の基準時は、それぞれの機関が事件を処理しようとする時点である（もっとも、推知報道の禁止の特例等は犯行時の年齢によることに留意すべきである。）。

　　18歳の区切りにはもう一つの意味がある。それは、犯行時18歳に満たない者に対しては、死刑を科すことができず、また、無期刑が処断刑となる場合にその刑を有期刑に緩和することができるという刑事処分の特則である（法51条）。この特則は、犯行時に18歳未満であったかどうかを基準とするものであり、処理時を基準とするものではない。

⑤　20歳　20歳になると少年法の適用は、原則としてなくなる。捜査機関が事件を取り扱っている間に少年が20歳に達した場合に

は、その時点から20歳以上の者の事件として処理することとなり、家庭裁判所に係属中に少年が20歳に達した場合には、家庭裁判所は、通常の手続に従って処理させるため、事件を検察官に送致しなければならない（法19条2項、23条3項）。犯罪少年にとってみれば、20歳に達してしまうと保護手続という刑事手続とは異なる手続によって処理される利益を失ってしまうことになるから、関係機関としては、年齢切迫少年については、漫然と手続を進めたために20歳を徒過するということがないように注意する必要がある（捜査機関が故意又は重大な過失によって手続を遅延させ、少年が成年に達した場合には、違法の問題が生ずる余地があることについては後述する（第1章第3の2(3)））。法24条1項1号又は3号の保護処分に付されている者、すなわち、保護観察に付され、又は少年院に収容されている者については、20歳に達すると原則として処分は終了する。ただし、20歳間際で保護処分に付された者については、余りに期間が短いと保護処分の効果を期待し難いので、本人が保護観察に付されてから20歳に達するまで2年に満たないときは、保護観察の期間は2年とし（更生保護法66条）、少年院送致後20歳まで1年に満たないときは、送致のときから1年間は収容を継続することができることとしている（少年院法137条）。また、一定の要件がある場合には、23歳まで少年院に継続収容することができることとされている（同法138条）。他方で、特定少年に対する法64条1項各号の保護処分については、原則として所定の期間の満了をもって処分は終了する。

　なお、令和3年の法改正前の法2条1項は「この法律で『少年』とは、20歳に満たない者をいい、『成人』とは、満20歳以上の者をいう。」と規定していたが、平成30年の民法改正により、民法上の「成年」と少年法の「成人」とは年齢が一致しないこと

となり、両者の異同について国民の理解に混乱が生じることが懸念されたことから、令和3年の法改正により、「成人」の定義は削除された。

## 2　年齢の認定、超過、誤認

### (1)　年齢認定の基準時

　前述（第1章第3の1）のように、少年法においては種々の年齢区分が用いられるので、どの時点で年齢を認定するかが問題となる。少年法は、少年の現在の状態を重視し、その保護を考えるものであるから、年齢の認定は、原則として各機関における処理時を基準とするが、触法少年に該当するか否か、原則逆送制度の適用の有無、少年審判の傍聴の対象事件に該当するか否か、死刑の適用の可否及び特定少年における推知報道の禁止の特例の適用の有無等については、行為時が基準とされる。なお、少年審判における抗告審は事後審であって、本人の年齢は原決定当時を標準とすべきであるから、家庭裁判所の決定の際20歳未満であった者が、抗告審において20歳に達した場合であっても、そのことを理由として原決定を取り消すべきでない（最決昭32・6・12刑集11・6・1657）。

### (2)　年齢の認定方法

　年齢は、少年法適用の有無を決したり、適用状況に差異を生じさせたりする重要な要素であるから、その認定には十分慎重でなければならない。被疑者や被告人は、種々の思惑から年齢を偽ることがあるから、殊に20歳前後の対象者については、本人の供述のみに頼ることは危険であり、客観的に年齢を証明し得る資料によって認定するように努めなければならない。年齢の証明のためには、戸籍簿の記載が最も重要であり、本籍地の市区町村長に対する身上調査照会の回答書が普通用いられる。もっとも、実際には、戸籍簿の記載

が真実の生年月日と異なっていたり、生年月日が不明な場合もある。戸籍簿の記載は、強い証明力を有するが、絶対的なものではないから、真実の生年月日が判明した場合には、それに従って年齢を計算すべきである（盛岡家宮古支決昭34・3・28家月11・4・151参照）。ただし、戸籍簿の記載と異なる生年月日を認定するためには、もとより十分な裏付資料が必要であり、これが得られない場合には戸籍簿の記載に従う方が穏当であろう。戸籍簿上生年月日が不明の場合や戸籍簿が滅失している場合などには、他の資料によって認定せざるを得ないが、それもない場合には鑑定によって年齢を認定するほかない。鑑定によっても明らかにならないようなときは、本人の供述のみを根拠とすることもやむを得ない。年齢の認定に特に困難を生じる場合として、若年の外国人の場合があるが、この場合、基本的には、旅券や外国人登録原票の記載によることとなる。もっとも、その元となる出生証明書や旅券にも不備があり得るから、十分に注意しなければならない。手段を尽くしても年齢を認定できない場合には、少年であることの積極的な証明が得られないのであるから、少年についての特別法である少年法は適用できず、一般法たる刑訴法に従って処理するほかないとする見解と、本人の利益に従い少年として扱うほかないとする見解があり、後者の立場に立つ裁判例がある（宇都宮家決平3・8・14家月44・1・164）。

(3) **年齢の超過、誤認**

犯行時に少年であっても、各関係機関を経由している間に20歳に達してしまうと、その時点から少年法の適用はなくなり、20歳以上の者の手続で処理されることになるのは、前述（第1章第3の1⑤）のとおりであるが、少年にしてみれば、手続が遅延したために少年法上の取扱いを受ける機会を失うことになる。そこで、このような場合には、後の20歳以上の者としての手続において、このよう

な手続の遅延が不当に本人の利益を奪ったものであり、違法であるという主張のなされる余地が生ずる。したがって、捜査機関としては、必要な捜査を尽くすために日時を費やすことは何ら違法でないことは当然であるが、ただ漫然と日時を徒過し、20歳に達しさせてしまうことのないように十分注意しなければならない。最高裁判所は、犯行時年齢19歳2か月の少年の業務上過失傷害被疑事件につき、警察における捜査に日時を要したため被疑者が20歳に達し、家庭裁判所の審判を受ける機会を失ったとしても、それが、捜査に従事した司法巡査の配置変更、他事件処理の都合等、当該事件の具体的事情の下においては、捜査官の措置にいまだ重大な職務違反があるとはいえず、その捜査手続を違法とすることはできないとしたが、その前提として、「捜査官において、適時に捜査が完了しないときは家庭裁判所の審判が失われることを知りながら殊更捜査を遅らせ、あるいは、特段の事情もなくいたずらに事件の処理を放置しそのため手続を設けた制度の趣旨が失われる程度に著しく捜査の遅延を見る等、極めて重大な職務違反が認められる場合においては、捜査官の措置は、制度を設けた趣旨に反するものとして、違法となることがあると解すべきである」と判示していることには注意を要する（最判昭45・5・29刑集24・5・223。これを引用する近時の判例として、最決平25・6・18刑集67・5・653）。

　少年の年齢を誤認して手続を進めていたことがその途中で判明したときは、どうなるか。捜査段階で誤認が判明したときは、その時点から正しい年齢に従った手続を進めればよいから、特段の問題は生じない。勾留に代わる観護の措置（法43条）中に20歳に達し、あるいは20歳以上の者であることが判明した場合にも、観護の措置の効力自体には影響がないと解される。

　家庭裁判所に係属中に、20歳以上の者であったことが判明したと

きは、事件を20歳以上の者の手続にのせるために検察官に送致することになる（法19条2項、23条3項）。保護処分の執行中に、原決定時に20歳以上の者であったことが判明した場合には、保護処分をした家庭裁判所は当該処分を取り消した上、検察官に送致しなければならない（法27条の2第1項、3項、4項）。

　検察官が、少年を20歳以上の者と誤認して、家庭裁判所を経由することなく公訴を提起した場合には、審理中に誤認が判明すれば、公訴提起の手続がその規定に違反したため無効な場合として判決で公訴を棄却しなければならない（刑訴法338条4号）。この場合には、検察官としては、その時点において、本人がまだ少年であれば、家庭裁判所に送致し、既に成年に達していれば、改めて公訴を提起することになろう。

　判決後に誤認が判明した場合でも、確定前であれば、上訴の理由となる。確定後は、非常上告の可否が問題となるが、判例は、年齢という法令適用の前提事実の誤認にすぎないから、法令適用の誤りを是正するという非常上告の制度趣旨に照らし、その対象とならないとしている（最判昭27・4・23刑集6・4・685。なお、罰金のみに当たる事件について、家庭裁判所を経由することなく略式請求され、これに対する略式命令が確定した場合に、単なる前提事実の誤認とはいえないとして非常上告を認めた事例として最判昭42・6・20刑集21・6・741参照）。

# ◆第4　少年事件の手続の流れ

## 1　少年法の構成

　少年法は、第1章「総則」において、法律の目的及び「少年」等の

定義を掲げた後、第2章「少年の保護事件」において、家庭裁判所において取り扱われる少年事件（これを「保護事件」という。）の手続について規定している。これによれば、全ての非行少年は、家庭裁判所に対する通告・送致という方法で、原則として家庭裁判所の下に集中されることとされており、家庭裁判所は、非行少年について調査・審判を行い、保護の要否・内容、すなわち、非行少年の処遇を決定する。

　次いで、少年法は、第3章「少年の刑事事件」において、犯罪を犯した少年の事件のうち、家庭裁判所以外の機関で取り扱われるもの、すなわち、家庭裁判所に送致する前の捜査段階の処理手続及び家庭裁判所から検察官に逆送された後の少年に刑事処分を科する手続及び刑事処分の内容等について規定している。

　さらに、少年法は、第4章「記事等の掲載の禁止」において、いわゆる推知報道の禁止を規定し、第5章「特定少年の特例」においては、特定少年に対する様々な特例を規定している。なお、特定少年に対して、第5章に特例が設けられていない限りは、第1章から第4章までの規定がそのまま適用される。

## 2　保護事件と刑事事件

　上記のような少年法の構成からも分かるように、少年事件には、保護事件と刑事事件という二つの概念がある。保護事件とは、保護を必要としている者に対して適切な保護を実現することを目的として手続が進められる事件のことであり、刑事事件とは、犯罪を犯した者に対して刑事処分を科することを目的として手続が進められる事件のことである。

　既に説明したように、少年が犯罪を犯した場合、それに対して、二つの異なった性質の要請が生ずる。一つは、犯罪に対して刑罰を科す

ることによって、社会正義を実現し、社会秩序を維持するという要請
であり、他の一つは、犯罪という形で問題性を露呈した、言い換えれ
ば、社会不適応という症状を現した少年に、適切な保護・治療を施
し、社会復帰を可能ならしめることによって、その少年の福祉を図る
という要請である。刑事事件は前者の要請による少年へのアプローチ
であり、保護事件は後者の要請によるアプローチであるところ、犯罪
少年の事件は、その中に、本来的に、刑事事件としての性格と保護事
件としての性格を、共に有しているのである。少年法は、前述（第1
章第2の1）のとおり、犯罪少年について保護優先主義をとっている
ことから、少年事件は、少年法が適用される範囲内においては、まず
保護事件であるといってよい。しかし、少年が犯罪を犯したという事
実は存在しているのであり、少年法は、保護優先主義をとっていると
はいっても、刑事処分を科することをおよそ断念しているというわけ
ではないから、犯罪少年の事件には、刑事事件としての性格も残るの
である。少年事件においては、手続の進展につれて、ある段階では刑
事事件としての性格が表面に現れ、他の段階では保護事件としての性
格が強調されるが、その裏には常にもう一方の性格が隠されており、
いわば両者の性格が複合的に存在していることに注意しなければなら
ない。

　犯罪少年の事件のこの複合性ないし二重性を理解することは、少年
事件の手続上の諸制度の趣旨を理解し、規定を解釈する上において重
要であるのみならず、少年事件を実際に取り扱う際に、少年事件の特
殊性を認識する上でも不可欠のことである。

　他方、触法少年やぐ犯少年は犯罪を犯したものではないから、その
事件について、刑事処分がなされることはない。したがって、触法事
件やぐ犯事件は、純然たる保護事件である。しかし、これらの事件に
ついても、犯罪少年の事件とは違った意味において、複合性が認めら

れる。それは、少年法による保護及びその手続と児福法による保護及びその手続の関係である。

　少年法による保護と児福法による保護とは全く同質のものというわけではない。最も基本的な相違は、少年法による保護の契機は、犯罪、触法、ぐ犯という、何らかの意味において犯罪に関連するものであることから、保護の指向する方向も、将来の犯罪を防止することによって、少年自身の福祉を図るとともに、社会公共の福祉を維持するということに重点が置かれるのに対し、児福法による保護は、その契機の性質を問わず、純粋に少年の福祉を図るものであることにある。少年法による保護の手段（保護処分）が強制力を伴うものであるのに対して、児福法による保護は原則として任意的なものであるという差異も、基本的には、この点に根拠を有するものであると考えられる。このように、少年法による保護と児福法による保護には違いが見られるところ、既に説明したように、少年法は、18歳未満の非行少年については、児福法による措置によることをも可能にしていることから（法18条1項、児福法4条）、その意味では、少年保護事件は、少年法による保護の手続たる性格とともに、児福法による保護の手続たる性格をも潜在させているのである。

## 3　手続の流れの概観

　既に説明した少年事件の複合性という観点から、少年事件の手続の流れを概観してみよう。

### (1)　犯罪少年

　犯罪少年の事件は、保護事件と刑事事件の複合したものであるから、その手続の流れも複雑である。犯罪少年の事件の大部分は、まず警察によって、犯罪事件の捜査として取り扱われる。司法警察員は、捜査の結果、犯罪の嫌疑が認められるときは、18歳未満の少年

の罰金以下の刑に当たる罪の事件については、刑事処分に付される余地がないことから（法20条１項）、家庭裁判所に直接送致しなければならないとされており（法41条）、それ以外の事件は、検察官に送致されることになる。もっとも、特定少年の事件については、罰金以下の刑に当たる罪の事件であっても、刑事処分相当を理由として検察官に送致され得る（法62条１項）ため、検察官に送致しなければならない（第２章第２の４(2)参照）。そして、検察官は、犯罪の嫌疑がある場合には、事件を家庭裁判所に送致する（法42条１項）。このように、捜査機関による微罪処分や起訴猶予は認められておらず、全ての事件が家庭裁判所に集中されることになっているのである（全件送致主義）。

　以上の手続は、捜査機関の捜査活動として進められるのであり、準拠法規も刑訴法及び少年法第３章である。したがって、刑事事件としての性格が強く表面に現れており、第一次の刑事手続とも呼ばれる。

　もっとも、これらの手続においては、保護事件としての性格も非常に強いことを見逃してはならない。少年事件は全て家庭裁判所に集中されることになっており、しかも、家庭裁判所においては、保護優先主義を基本として保護手続が進められ、ほとんどの事件は、保護手続で終結するのであるから、上記のような手続は、実質的に見れば、家庭裁判所の保護手続の先行手続―捜査機関による保護手続―といえる。その上、そのような手続において、公的機関が保護を要する少年に初めて直接接触するのであるから、その手続は特に重要であり、捜査活動は、同時に保護活動でなければならない。したがって、後に説明するように、20歳以上の者であれば捜査として法律上許されるようなことでも、少年事件については事実上許されない場合もあり、また、捜査と調査の複合性も生ずるのである。第

一次の刑事手続というのは、同時に、捜査の形を借りた第一次の保護手続の面もあると理解されなければならない。

　事件の送致を受けた家庭裁判所は、事件について調査を行い、保護処分の必要等がある場合には更に審判を経た上、少年に施されるべき処遇を決定する。選択される処遇としては、児福法上の措置に委ねること（法18条1項）、特別の法律的措置をとらず事件を終結（審判不開始、不処分）させること（法19条1項、23条2項。この場合でも、訓戒、保護者への引渡し又は注意等事実上の措置が適宜とられることが多く、この事実上の措置を実務上保護的措置という。）、刑事処分を科するため検察官に送致（いわゆる逆送）すること（法20条、62条）、保護処分（保護観察所の保護観察、少年院送致等）に付すること（法24条1項、64条1項）などである。この段階における手続は、少年の保護を目的とする保護事件としての性格が強く、中心的な保護手続であり、主として、少年法第2章に準拠して進められる。

　刑事処分が相当であるとして事件が検察官に送致されると、検察官は、改めて事件を検討し、必要があれば捜査を行い、一定の例外の場合を除き、公訴を提起しなければならない（法45条5号。刑事訴訟では起訴便宜主義がとられているが（刑訴法248条）、これはその例外である。）。一定の事由があって起訴が相当でないと認められるときは、検察官は、家庭裁判所に事件を再送致する。この段階における手続は、刑訴法及び少年法第3章に準拠する第二次の刑事手続であるが、既に、刑事処分が相当であるという家庭裁判所の判断が示されているので、刑事事件としての性格は、第一次の刑事手続の場合よりははるかに強い。しかし、検察官による家庭裁判所への再送致や後述の刑事手続を担当する裁判所（地方裁判所又は簡易裁判所）による移送の可能性もあるので、保護事件としての性格も併

存しているといえる。

　検察官により再送致された事件は、再び家庭裁判所によって調査・審判される。いわば、第二次の保護手続である。

　検察官が公訴を提起した事件は、刑訴法上の手続により、地方裁判所又は簡易裁判所において審理され、刑事処分が言い渡される。この段階の手続は、ほとんど純然たる刑事手続であるが、地方裁判所等において、保護処分が相当であると考えるときは、事件を家庭裁判所に移送すること、すなわち、保護手続に戻すことも許されているから、保護事件としての性格も全く失われているわけではない。

(2)　触法少年、ぐ犯少年

　触法少年、ぐ犯少年の事件も、実際上は、その大部分が、まず警察によって取り扱われる。犯罪捜査に関連して取り扱うに至る場合と少年補導等の行政警察活動の過程において取り扱うに至る場合とがあるが、いずれの場合にしても、これらの少年の処遇を決定すべき機関（家庭裁判所又は児童福祉機関）に送り込むための、いわば先行的保護手続の過程であり、少年の保護にとって非常に重要な意味を有するのである（平成19年の法改正の詳細は、第2章第3の3を参照）。

　この点、平成19年の法改正前においては、少年法はこの点について触れることがなかったが、同改正において、触法少年に係る事件の手続について、警察の調査権限の明確化や送致の手続に関する規定が整備され、警察官は客観的な事情から合理的に判断して、触法少年であると疑うに足りる相当の理由のある者を発見した場合において、必要があるときは、事件について調査をすることができ（法6条の2第1項)、このような調査の結果、一定の重大事件等に該当する場合は、当該調査に係る事件を児童相談所に送致しなければ

ならないこととされた（法 6 条の 6 第 1 項）。

　法 6 条の 6 第 1 項に規定する以外の触法少年の事件及び14歳未満のぐ犯少年について、警察がこれを取り扱った場合であって、児福法25条に定める要保護少年の要件が認められるときには、児童相談所等に通告する。その他の場合には、適宜、事実上の保護的措置をとって事件を終結させることになる。

　14歳以上18歳未満のぐ犯少年の事件は、児福法による保護手続にのせる方がよいと判断されるものについては児童相談所に通告し（法 6 条 2 項）、少年法による保護手続にのせる方がよいと判断されるものについては家庭裁判所に送致し、又は通告する。

　家庭裁判所における保護手続は、犯罪少年の場合とおおむね同様であり、検察官への逆送という処遇コースがないことだけが異なる。

## 4　手続の流れの概観図

以上の手続の流れをごく簡略化して図示すると次ページのようになる。

# 少年事件手続の基本的構造

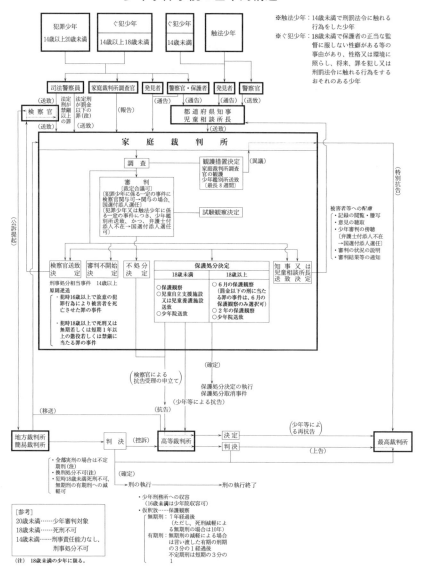

※触法少年：14歳未満で刑罰法令に触れる行為をした少年

※ぐ犯少年：18歳未満で保護者の正当な監督に服しない性癖がある等の事由があり、性格又は環境に照らし、将来、罪を犯し又は刑罰法令に触れる行為をするおそれのある少年

# ◆第5　少年事件取扱い上の諸原則

　前述のとおり、少年事件の取扱いに関しては、その特質に鑑み、特段の配慮が要求される。捜査段階から家庭裁判所の保護手続あるいは地方裁判所等における公判等を通じて要請される取扱い上の特別の原則のうちのいくつかを挙げておく。

## 1　取扱いの分離

　一般の刑事事件においても、捜査段階では、通謀の防止等の必要上、共犯である被疑者を互いに接触させないようにすることが原則であるが、法律上特別の規定があるわけではなく、また、公判段階では、関連事件は併合して審理するのがむしろ通常である。

　しかし、少年は、他からの影響を受けやすく、また、心情を傷つけられやすいものであるから、少年の刑事事件については、他の被疑者又は被告人からの悪影響を防ぎ、情操を保護するため、他の者との接触を禁止する特別の規定が置かれており、少年の被疑者又は被告人は、他の被疑者又は被告人と分離して、なるべく、その接触を避けなければならないこととされている（法49条1項）。この規定は、通謀の防止という観点からのものではないから、他の被疑者又は被告人とは、共犯関係にあると否とを問わないし、他の被疑者又は被告人が20歳以上の者であると少年であるとを問わない。

　また、同様の趣旨から、少年に対する被告事件は、他の被告事件と関連する場合にも、審理に妨げのない限り、その手続を分離しなければならないこととされており（同条2項）、一般の刑事事件の場合とは異なり、公判手続の分離、すなわち、個別審判が原則とされている。

　さらに、刑事施設、留置施設及び海上保安留置施設においては、少年を20歳以上の者と分離して収容しなければならないこととされている（同条3項）。この規定は、少年を警察の留置施設に代替収容する場合にも当然適用されるから、警察の留置施設において、少年を20歳以上の者と同一房に収容することは許されない。少年同士を同一房に収容することも、同条1項により、なるべく避けなければならない。

　なお、刑の執行の段階においても、同様に、少年に対する懲役、禁錮の執行は、20歳以上の者と分離しなければならない（法56条1項）。

　家庭裁判所における保護手続については、上記のような特段の規定はないが、個別審理が当然の原則とされている。他の共犯少年との審判を併合することを絶対に禁ずる規定はないから、特に必要がある場合は、審判を併合することは可能であろうが、ごく例外的な場合にのみ許されると解すべきであろう。

　なお、上記のような取扱いの分離については、特定少年の特例が設けられている（第4章第3の2参照）。

## 2　懇切な審理

　少年事件の取扱いは、懇切を旨としなければならない。

　家庭裁判所における審判及び地方裁判所等における公判審理については、その旨が法令上特に明らかにされているが（法22条1項、刑訴規則277条）、捜査段階においても全く同様である。犯捜規において、少年事件の捜査を行うに当たっては、少年の特性に鑑み、取調べの言動に注意する等温情と理解をもって当たり、その心情を傷つけないように努めなければならないとされているのも同趣旨であると考えられる（犯捜規204条）。

## 3　秘密保持

　家庭裁判所における審判は、非公開で行う（法22条2項）。

　また、家庭裁判所の審判に付された少年又は少年のとき犯した罪により公訴を提起された者については、氏名、年齢、職業、住居、容ぼう等によりその者が当該事件の本人であることを推知することができるような記事又は写真を新聞紙その他の出版物に掲載してはならない（法61条）。

　20歳以上の者の事件については、捜査は非公開、公判は公開が原則であって、報道については特段の規定はない。しかし、少年の事件に関して、法61条は、少年の犯罪に関する出版物への記載内容等を制限することによって、少年の特定に関する情報が広く社会に伝わり、少年の社会生活に影響を与えることを防ぎ、その更生に資することを目的として、上記のように少年の氏名等の掲載禁止（推知報道の禁止）を規定している。

　なお、特定少年のとき犯した罪については、いわゆる公判請求がされた場合に、当該公判請求に係る罪の事件に限り、推知報道の禁止が解除される（法68条）。これは、令和3年の法改正により、罪を犯した者の更生と報道の自由等の調整の観点からの政策的判断として、一般的に推知報道を禁止しつつ、公開の法廷で刑事責任を追及される立場となった場合には、その段階から推知報道の禁止を解除することとされたものである。

　法61条は、その文理上は捜査段階や執行段階のものを含まないが、その趣旨は当然尊重されるべきものであり、少年の保護のため、関係機関が、秘密保持に最大限の配慮を行わなければならないことはいうまでもない。犯捜規209条が、報道上の注意として、少年事件について、新聞その他の報道機関に発表する場合においても、当該少年の氏

名又は住居を告げ、その他その者を推知することができるようなこと
はしてはならないと規定しているのもこの趣旨である。

　また、報道機関においても、実際上ほとんどがそのように取り扱われ
れている。テレビ、ラジオ等の放送やインターネットのような情報伝
達手段についても、出版物と同様に考えるべきである。

　法61条に違反する推知報道かどうかは、その記事等により、不特定
多数の一般人がその者を当該事件本人であると推知することができる
かどうかを基準にして判断すべきである（最判平15・3・14民集57・
3・229）。この点、同条は、少年自身の更生に資するための規定であ
るから、少年や他の者の生命、身体の安全といったより優越する利益
を確保するためにやむを得ないと認められる場合、例えば、速やかに
少年の所在を確認してその保護をしなければ自傷他害のおそれがある
場合などには、例外的にその氏名等を公表することも許されよう。

　なお、下級審レベルではあるが、表現の自由とプライバシー権等の
侵害との調整においては、法61条の存在を尊重しつつも、なお、表現
行為が社会の正当な関心事であり、かつ、その表現内容、方法が不当
なものでない場合には、その表現行為は違法性を欠き、違法なプライ
バシー権等の侵害とはならないとする裁判例がある（大阪高判平12・
2・29判時1710・121）。

# 第2章 捜査手続

## ◆第1 捜査手続

　既に説明したように、非行少年は、原則として全て家庭裁判所に集中されることになっている。非行少年が家庭裁判所の手に委ねられるまでは、犯罪少年の場合は捜査手続であるが、触法少年やぐ犯少年の場合は厳密には捜査手続とはいえない。しかし、ここでは便宜上両者を併せて捜査手続と呼んでおく。

　捜査手続について少年法の規定するところは甚だ少ないが、非行少年の処遇にとってこの段階は極めて重要な意味をもっているので、この段階で少年を取り扱う機関には少年の保護ということについて特に慎重な配慮が要求される。

　捜査とは、一般的には、刑事手続において、公訴の提起、維持のために、事実を究明し、証拠を収集、保全する捜査機関の活動をいう。これに対して、調査とは、保護手続において、保護の対象者を理解し、これに対して最も適切な処遇をしていくことを目的とする資料収集等の活動と理解することができる。それゆえ、調査の範囲には、対象者がどのような行動をしたかということのみならず、本人の資質、性行、境遇、環境等本人を全人格的に理解し、適切な処遇を決定するために必要な一切の情報の収集が含まれる。たとえ、捜査機関が行う活動であっても、触法事件やぐ犯事件に関するものは、刑事処分に発展することは絶対にないものであるから、調査と考えられる。児童相談所等児童福祉機関の行う資料収集活動も、専ら保護のための手続と

して行われるものであるから調査である。

　犯罪少年の事件は、第一次的には刑事手続であるから、当然捜査が行われなければならない。しかし、犯罪少年の事件は、同時に保護事件であり、第一次の刑事手続は、保護手続としての性格をも併有しているのであるから、調査もまた行われなければならないのである。もともと捜査は、犯罪事実の究明のみにとどまるものではなく、犯人の性格、年齢、境遇、犯行の動機、原因、犯罪後の情況その他いわゆる情状についても行われなければならない。これらの事項は、調査においてもその基本となる事柄であり、その意味では、捜査と調査とは、内容的に重なり合う面も多いのであるが、犯罪少年の事件においては、事件自体が刑事事件であると同時に保護事件なのであるから、捜査機関の行う捜査活動も、同時に調査活動としての性格を有することになるのである。

　したがって、少年の被疑事件の捜査に当たっては、犯罪事実の存否、内容の究明はもとよりであるが、それにとどまらず、犯罪の原因及び動機並びに当該少年の性格、行状、経歴、教育程度、環境、家庭の状況、交友関係等について十分な調査を行う必要がある（犯捜規205条参照）。なお、警察が少年事件を送致等するに際しては、一定様式の身上調査表を作成し、添付すべきこととされている（犯捜規213条）。

　少年の被疑事件の捜査が、捜査活動と調査活動の複合したものであることに関連して留意すべき点を２、３挙げておくこととする。既に説明したように、家庭裁判所は、少年の保護手続の主宰者であり、したがって、調査の中心的主体でもある。家庭裁判所は、家庭裁判所調査官その他の専門的調査機構を備えており、更に少年鑑別所の機能をも活用することにより、専門的知識を活用して調査活動を行う。したがって、少年に対する最も本格的な調査は、家庭裁判所によって行わ

れるのであるが、だからといって、調査は全て家庭裁判所に任せれば
よいということにはならない。家庭裁判所の調査機能にも物理的限界
があるのであって、年間数十万件に及ぶ少年事件について、家庭裁判
所の力のみで十分な調査をすることは、到底不可能である。少年の調
査は、少年に対して適切な保護を実現し得るかどうかの鍵を握る重要
なものであるから、関係諸機関が協力し、それぞれの機能を十二分に
活用しなければならない。この意味で、実際上非常に重要な意義を有
するのが、非行少年に最初に接触し、また、少年を含めた地域社会に
最も密着した存在である警察の調査的機能である。実際問題として、
警察における調査結果は、家庭裁判所における調査の重要な資料であ
るし、警察の調査が裁判所の調査の端緒ともなるのである。したがっ
て、少年の被疑事件においては、犯罪事実の究明と身上事項の調査と
は車の両輪のごとき関係にあり、いずれもゆるがせにすることができ
ないものであることに留意しなければならない（規則8条1項3号、
2項、3項参照）。

　調査活動は、事案の真相を明らかにし、もって少年の健全な育成の
ための措置に資することを目的とするものであり（法6条の2第2項
参照）、その活動自体が保護に資するものであることが望ましい。こ
のことは、捜査と調査が複合する犯罪少年の事件についても同じであ
る。

　調査の対象となる事項は、少年及び関係者のプライバシーに深く関
わるものである場合が多い。したがって、調査に当たっては、不必要
に関係者のプライバシーを侵害することのないように常に留意しなけ
ればならない。殊に捜査機関による調査においては、裁判所の直接の
コントロールもない段階であるから、関係者の人権の保障に特に配慮
する必要があると同時に、捜査機関は、少年の処遇を最終的に決定す
るものではないから、自らの事件処理を適正に行うため及び家庭裁判

所の処遇決定に資するために必要な限度にとどめることにも留意しなければならない。

　非行少年の大部分を最初に取り扱うのは、捜査機関、なかんずく警察であり、その大部分は犯罪少年であるので、以下犯罪少年の取扱いを中心として捜査手続の概要を説明する。

# ◆第2　犯罪少年の事件の取扱い

## 1　捜査

　犯罪少年の事件の取扱いは、多くの場合、犯罪の捜査として開始される。この意味で、刑事事件としての性格が強く前面に出ており、第一次の刑事手続などとも呼ばれる。しかし、犯罪少年の事件は、同時に、保護を要する少年に対して適切な保護を与えるという保護事件としての性格をも併有していることを忘れてはならない。殊にこの段階は保護を要する少年に公的機関が最初に接触する機会であるから、保護事件としての性格に特に留意しなければならない。犯捜規が、少年事件の捜査については、家庭裁判所における審判その他の処理に資することを念頭に置き、少年の健全な育成を期する精神をもってこれに当たらなければならないとし（犯捜規203条）、また、少年事件の捜査を行うに当たっては、少年の特性に鑑み、特に他人の耳目に触れないようにし、取調べの言動に注意する等温情と理解をもって当たり、その心情を傷つけないように努めなければならないとしているのも（同204条）、この趣旨である。

　犯罪少年の事件の捜査については、少年法に特別の規定があるもののほかは、一般の例、すなわち、刑訴法の定めるところによる（法40条）。

　したがって、捜査機関は、刑訴法の定めるところに従い、任意捜査（刑訴法197条1項、198条、221条、223条）はもちろん、逮捕（同法199条以下、210条、212条、217条等）、差押え、捜索、検証（同法218条、220条）等の強制捜査を行うこともできる。しかし、任意捜査を原則とする刑訴法の建前は、保護事件としての性質上特に年少の少年の被疑事件においては尊重されなければならない。

## 2　逮捕

　上記のとおり、少年の被疑者についても逮捕は許されるが、保護事件としての特質に鑑み、少年の被疑者については、できる限り身柄の拘束を避け、逮捕は、真に必要な場合に限られなければならない（（勾留に関する）法43条3項参照）。また、やむを得ず逮捕する場合でも、少年の情操をできるだけ傷つけることのないよう逮捕の時期、方法について特に慎重な注意が要求される（犯捜規208条）。

　殊に刑事処分にまで発展する可能性のない事件、例えば、18歳未満の少年の罰金以下の刑に当たる罪の事件、刑の廃止、時効完成、大赦等の事由のある事件、軽微で親告罪の告訴のなされないことが明らかな事件等については、原則として逮捕は差し控えるべきであろう（なお、時効完成に関し、福岡家決昭和61・5・15家月38・12・111を参照）。

## 3　勾留に代わる観護措置及び勾留

　少年の被疑事件についても勾留は認められるが、できる限り身柄の拘束を避けるべきことは、逮捕の場合と同様である。少年法は、勾留はやむを得ない場合にのみ許されることとし（法43条3項、48条1項）、検察官は、少年の被疑事件においては、勾留の請求に代え、観護の措置を請求することができることとしている。そこで、まず勾留

に代わる観護措置から説明する。

### (1) 勾留に代わる観護措置

　検察官は、少年の被疑事件においては、裁判官に対し、勾留の請求に代え、法17条1項の措置―いわゆる観護措置―を請求することができる（法43条1項）。

　法17条の観護措置は、本来、保護手続において、家庭裁判所が審判を行うため必要がある場合にとられる措置であり、審判のための少年の身柄の確保という要請を少年の保護という目的にふさわしいやり方で満足させるために設けられたものであるが、捜査段階においても、少年事件が保護事件としての性質を有していることに鑑み、この制度を利用することができるとしているのである。

　観護の措置には、家庭裁判所調査官の観護に付する方法（法17条1項1号）と少年鑑別所に送致する方法（同項2号）とがあるが、前者の措置は、身柄の拘束を伴わないので、特に捜査の段階ではあまり実益がなく、実務上はほとんど利用されない。したがって、以下においては、少年鑑別所送致の方法を中心として説明する。

　勾留に代わる観護措置の請求は、勾留に代わるべきものであるから、勾留の要件（刑訴法60条）が備わっていなければならず、また、勾留に関する時間の制限（同法204条1項等）にも従わなければならない。この請求には、勾留請求に関する刑訴規則147条から150条までが準用される（同規則281条）。

　裁判官は、検察官の請求により、勾留に代わる観護措置として少年鑑別所に送致する措置をとるときは、令状を発してこれをしなければならない（法44条2項）。この令状は、実務上、観護令状と呼ばれており、その記載事項及び執行方法については、刑訴規則278条に定められている。

　観護措置の効力は、請求をした日から10日であり、延長ないし更

新はできないと解されている（法44条3項）。

　その後、事件が上記の10日内に家庭裁判所に送致されたときは、観護措置は家庭裁判所のした法17条1項2号の観護措置とみなされ、その期間（原則として2週間）は、家庭裁判所が事件の送致を受けた日から起算される（法17条7項）。

　勾留に代わる観護措置の請求が認められる場合には、仮収容（法17条の4）も可能と解されている。したがって、検察官としては、請求の際に、仮収容の必要があると認めるときは、その旨を表示しておくことを考慮する必要がある。

　犯罪の嫌疑がない等のため、家庭裁判所に事件を送致しないときは、この措置は、前記有効期間の経過とともに効力を失うが、それ以前にも、検察官は少年を釈放できる。この釈放は、起訴前の勾留におけるのと同様、検察官の釈放指揮のみによってなし得る。

　勾留に代わる観護措置によって少年鑑別所に収容中の少年について、引当り等捜査の必要上、少年を少年鑑別所外に連行する場合の許可は、検察官が行うことになる（昭30・1・31最高裁家庭局長回答、家月7・1・271参照）。もっとも、この措置によっては、引当りのみならず、いわゆる面通し、証拠品の呈示等の捜査についても事実上困難を来すことも少なくないので、その場合には勾留を請求することになる。

　観護令状に基づき身柄を拘束中に、被疑者が20歳以上となり、あるいは20歳以上であることが判明した場合の効力については、明文の規定はないが、この措置が勾留に代わる性質のものであること、効力が存続するとしても被疑者に特段の不利益を被らせないことなどから考えて、この措置の効力は当然には消滅せず、前記有効期間内は身柄の拘束を継続することができると解すべきであろう。この場合に、代用刑事施設等への移送や身柄拘束期間の延長ができるか

どうかについては、必ずしも明らかではなく、説も分かれている。改めて勾留請求をすることができないとすると、20歳以上の被疑者については10日間以上の日数を必要とする場合も多いであろうから、捜査に支障を来すし、被疑者に不当な利益を与えることになる。一方、改めて逮捕、勾留をすることができると考えると通常の場合より長い日数勾留されることになり、被疑者に不利益である。したがって、改めて逮捕を前置する必要はなく、直ちに勾留を請求できるとするとともに、勾留状が発付されたときは、観護措置による拘束日数は、当然勾留日数に通算されると解するか、あるいは、法45条4号を類推して、20歳以上となった時点から、観護措置が当然に勾留に切り代わるものと解するか、いずれかしかないであろう。若干の疑問を残しつつ、一応前者の考え方によるべきものとしておきたい。

　勾留に代わる観護措置について、刑訴法の勾留に関する諸規定、特に、勾留質問（刑訴法61条）、勾留理由開示（同82条）、接見交通の制限（同81条）等の規定が準用されるかどうかについては説の分かれているところであるが、この措置が捜査の必要上勾留に代えて認められるものであり、身柄の拘束という点において勾留と同じ実質を有することに鑑みると、いずれも一応積極に解すべきであろう。ただ、接見交通の制限に関しては、この措置が少年の保護を重視して認められるものである上、少年鑑別所においては少年の状況に応じた適切な観護処遇を行うものである（少年鑑別所法1条参照）ことなどを考慮すると、実務的には、接見交通の制限はできるだけ避けるべきであり、どうしてもその必要がある場合には、勾留のやむを得ない必要がある場合として、勾留を請求すべきである（なお、少年鑑別所法80条等参照）。また、平成12年の法改正により観護措置に対する異議申立て制度が導入されたが、勾留に代わる観

護措置に対する不服申立てとしては準抗告（刑訴法429条）による
べきであろう。

(2)　**勾留**

　　少年に対する勾留請求は、通常の勾留請求に関する要件（刑訴法
　60条1項）のほかに、観護措置ではなく、勾留を必要とするやむを
　得ない事情がある場合でなければ、これをすることができず（法43
　条3項）、裁判官も、やむを得ない場合でなければ勾留状を発する
　ことはできない（法48条1項）。

　　「やむを得ない場合」とは、少年被疑事件の刑事事件としての性
　格からくる要請と保護事件としての性格からくる要請を総合勘案し
　つつ、具体的事情に即して判断するよりほかないが、実務上は、お
　おむね次のような場合がこれに当たるであろう。

　ア　主として少年鑑別所の施設上の理由に基づくもの

　　　少年鑑別所の収容余力がない場合、あるいは少年鑑別所が遠隔
　　地にあって、そこに収容したのでは捜査に支障を来す場合などが
　　これに当たる。単に遠隔地であって捜査に若干不便というだけで
　　は必ずしもやむを得ないとはいえないであろうが、遠隔地であっ
　　て不便の度が著しい場合、面通し等のための関係人の同行を求め
　　難い場合、少年を同行しての引当り捜査が困難な場合等はこれに
　　当たる。また、共犯者が既に少年鑑別所に収容されていて、施設
　　の構造上通謀を防止しにくい場合もこれに当たる。

　イ　主として少年の個人的事情に基づくもの

　　　少年の年齢、前歴、性行等から見て、むしろ20歳以上の者と同
　　様の扱いをした方が適切な場合である。例えば、20歳以上の者と
　　同様に取り扱っても、これ以上少年の心身に悪影響を与えるおそ
　　れが少ない場合、少年鑑別所に収容すると、かえって他の少年に
　　悪影響を及ぼすおそれのある場合等がこれに当たる。観護措置期

間中に20歳以上となってしまうような年齢切迫少年についても、前述（第2章第2の3(1)）のように、年齢超過の場合の観護措置の効力については争いのあるところであるから、観護措置を避けるべきやむを得ない事由があるものといえよう。

ウ　主として捜査遂行上の理由に基づくもの

単に捜査が不便になるというだけでは足りず、勾留でなければ捜査遂行上重大な支障を来すという事情がある場合でなければならない。

前述（上記(1)）のように観護措置の期間は10日間で更新が認められないから、事件の性質上、例えば、事案複雑又は重大、関係人多数、本人否認、余罪多数等の事由があるため、10日間では十分な捜査を尽くせないと予測できるような事件については、勾留を必要とするやむを得ない事由があるといえる。また、前述（上記(1)）のように、観護措置に接見交通の制限を付することはできるだけ避けるべきであるから、接見交通の制限の必要のある場合もこれに当たるといえよう。単に刑事処分相当の事件と考えられるというだけでは、やむを得ない場合といえるかどうか疑義がある場合が多いと思われる。

勾留は、原則として拘置施設又は警察の代用刑事施設に拘禁するが、少年を勾留する場合には、少年鑑別所に拘禁することもできる（法48条2項）。この場合は、拘禁する場所が少年鑑別所であるというだけで勾留であることには変わりはなく、勾留に代わる観護措置としての少年鑑別所送致とは本質が異なる。前者の執行は、主として刑訴法、刑事収容施設及び被収容者等の処遇に関する法律に基づいて行われるものであるのに対し、後者における少年の処遇は、少年鑑別所法に従って行われるのである。勾留場所を少年鑑別所とした場合でも通常の場合と同様、裁判官の同意

を得て移送をなし得る。

　検察官の勾留請求に対して、裁判官が勾留を必要とするやむを得ない場合に当たらないが、勾留に代わる観護措置をとる必要はあると判断した場合には、どのようにすべきか。単に勾留請求を却下すべきであり、それで足りるとする考え方もあるが、検察官は、勾留を請求することによって、少年の身柄拘束の必要性を主張していることは明らかであり、勾留に代わる観護措置しか認められないのであれば身柄拘束の必要はないというような場合は通常考えられない。したがって、裁判官としては、少なくとも、検察官に対して勾留に代わる観護措置の請求の意見の有無を確認することが相当であろうし、改めて観護措置請求を出させることなく、そのまま、勾留に代わる観護措置を決定することも許されると解すべきであろう。なお、検察官が勾留請求の際に、併せて予備的に、勾留に代わる観護措置を請求することも可能である。

　なお、特定少年についての特則が設けられている（法67条1項、2項。第4章第3の1参照。）。

## 4　警察における事件処理

### (1)　事件の送致

　刑訴法246条によれば、司法警察員は、犯罪の捜査をしたときは、速やかに事件を検察官に送致しなければならないとされている。この一般原則は、少年事件についても適用されるが（法40条）、少年法は、その特則として、司法警察員から家庭裁判所に直接事件を送致すべき場合を定めている（法41条）。したがって、警察における犯罪少年の事件の処理は、同条による家庭裁判所への送致と刑訴法246条による検察官への送致の二つの場合がある。既に説明したように、少年法は、全ての少年事件を家庭裁判所に集中す

る建前をとっているので、検察官の起訴猶予（刑訴法248条）は認められておらず、警察における、いわゆる微罪処分（同法246条ただし書）も少年事件については認められない。

(2)　**家庭裁判所への送致**

　司法警察員は、18歳未満の少年の被疑事件について捜査を遂げた結果、罰金以下の刑に当たる犯罪の嫌疑があるものと思料するときは、これを家庭裁判所に送致しなければならない（法41条前段）。犯罪の嫌疑がない場合でも、家庭裁判所の審判に付すべき事由があると思料するときも、同様である（同条後段）。

　罰金以下の刑に当たる罪の事件（法20条1項）及び触法事件、ぐ犯事件は、絶対に処罰の対象となることがなく、保護手続で終結するものである。そこで、これらの事件については、できるだけ早く家庭裁判所の保護手続に移した方がよいので、検察官を経由することなく、直接、家庭裁判所に送致することとされているのである。

　他方、特定少年の被疑事件については、法41条は適用されず、検察官に送致する必要がある（法67条1項）。これは、特定少年については、罰金以下の刑に当たる罪の事件も刑事処分相当を理由とする検察官送致決定の対象となること（法62条1項）や、特定少年はぐ犯による保護処分の対象から除外されていること（法65条1項）から、上記の趣旨が妥当しないためである。

　以下、18歳未満の少年の被疑事件について、家庭裁判所に直送すべき場合を分説する。

ア　罰金以下の刑に当たる犯罪の嫌疑がある場合

　　これらの罪の嫌疑が認められる場合に限られるから、嫌疑が認められない場合は、後述の触法、ぐ犯事由のある場合を除き、一般原則に従って、検察官に送致することになる。

　　罰金以下の刑に当たる犯罪とは、例えば、失火（刑法116条）、

賭博（同法185条）、過失傷害（同法209条）、過失致死（同法210条）、軽犯罪法１条の罪、道路交通法119条の２の２ないし121条の罪等のように、法定刑として罰金以下の刑（罰金、拘留、科料）のみが規定されている罪をいう。罰金以下の刑と禁錮以上の刑（禁錮、懲役、死刑）とが選択刑として規定されている場合は、これに当たらない。

　罰金以下の刑に当たる罪の嫌疑が認められる場合でも、次のような場合には、一般原則どおり、検察官に送致しなければならない。

① 　罰金以下の刑に当たる罪の事件が、禁錮以上の刑に当たる罪の事件と併合罪（刑法45条）又は科刑上一罪、すなわち、観念的競合若しくは牽連犯（同法54条）の関係にあるとき

　　科刑上一罪の場合については問題がないが、併合罪の場合については、理論的には別罪であるから、罰金以下の事件は家庭裁判所へ、禁錮以上の刑は検察官へ各別に送致することも考えられないではない。しかし、同一人の関連事件はなるべく一括して同時に審判の対象とすることが20歳以上の者の事件においても原則である上、少年事件においては、少年を全人格的に考察し、保護する目的からして、同一少年の関連事件を統一的に把握すべき要請が20歳以上の者の場合以上に強い。したがって、罰金以下の事件と禁錮以上の事件が併合罪である場合には、一括して検察官に送致すべきであろう（犯捜規210条２項参照）。

② 　罰金以下の刑に当たる罪の事件が告訴、告発又は自首に係るものであるとき

　　この点については、有力な反対説もあるが、関係条文の規定の体裁上は、告訴、告発、自首事件の送付に関する刑訴法242

条及び245条は、同法246条の例外を定める特別規定と解すべきであり、一方、少年法41条は、刑訴法246条についてのみの特則を定めたものと解されるのみならず、実質的に考えても、この例外規定が設けられたのは、告訴、告発に係る事件については、告訴人等の立場にも十分配慮する必要があり（刑訴法260条、261条参照）、また、自首は、刑の減免の事由となるだけでなく（刑法42条等）、共犯等をつかみやすい等の理由から、できるだけ早く、検察官に事件の内容を知らせ、処理をさせることが適当と考えられたものであるから、これらの規定は、法41条に優先すると解するのが相当であろう（昭46・10・29最高裁家庭局長回答、家月24・2・211）。もっとも、家庭裁判所がこれを看過して手続を進め、保護処分に付した場合には、この決定をも無効とするほどの瑕疵とはいえないであろう。

③ 罰金以下の刑に当たる犯罪の嫌疑は認められるが、審判条件を欠くとき

　審判条件（第3章第2参照）を欠くときは、家庭裁判所は手続を進められないから、これを送致することは無意味である。したがって、原則に戻って、検察官に送致することになる。

　司法警察員が、禁錮以上の刑に当たる犯罪事件を誤って家庭裁判所に直接送致した場合には、この手続は、法41条、刑訴法246条に違背する違法なものであるから、家庭裁判所としては、審判条件を欠くものとして審判不開始決定をした上、改めて検察官を経由して事件を送致させるべきものである。もっとも、家庭裁判所がこれを看過して手続を進め、保護処分決定、逆送決定などをした場合には、上記送致手続の瑕疵のために、これらの決定が無効となると解するほどのこともないであろう。

イ 犯罪の嫌疑はないが、触法又はぐ犯事由がある場合

触法事件やぐ犯事件は捜査の対象とならないから、警察が触法少年、ぐ犯少年を発見したときは、所定の手続に従って通告又は送致をなすべきものである。

実務上は、犯罪事件として捜査が開始されたが、結局、犯罪の嫌疑は認められず、ただ、触法事由やぐ犯事由があることが判明したというケースがしばしば起こる。このような場合に、事件は事件として検察官に送致し、一方、ぐ犯少年等としてしかるべき機関に通告するというのも相当ではないから、法41条は、その後段において、そのような場合には家庭裁判所に送致すべきこととしているのである。

触法少年については処理時の年齢が14歳未満であるか否かを問わず、児童相談所等へ通告又は送致をすべきものと解する従来の通説に従えば（第1章第2の2(2)参照）、本条後段の適用があるのはぐ犯少年のうち14歳以上の者に限られることになり（法3条2項参照）、触法少年及び14歳未満のぐ犯少年は、児童相談所に通告すべきこととなるが、他方で、触法少年であっても捜査機関が取り扱っている間に14歳に達した場合には、直接家庭裁判所に送致できると解する有力説に従えば、触法少年及び14歳未満のぐ犯少年も含まれることになる。

なお、14歳以上18歳未満のぐ犯少年について法41条後段により送致すべき場合においても、警察官は、まず児福法による措置に委ねるのが適当であると認めるときは、直接児童相談所に通告することができるものとされている（法6条2項。なお少警規33条参照）。

家庭裁判所に直接事件送致をする場合には、刑訴法203条1項中「検察官に送致する手続」とあるのは、「家庭裁判所に送致す

る手続」と読み替えるべきこととなり、また、同条5項の「送致
の手続」は、家庭裁判所に対する送致の手続をいうことになる。
家庭裁判所に対する送致の方式については、規則8条に定められ
ている（いわゆる簡易送致については(4)において後述する。）。な
お、送致書の様式、送致書類等につき、犯捜規213条参照。ま
た、関連する数個の事件の一方を家庭裁判所に、他方を検察官に
送致すべき場合の処置につき、犯捜規211条、212条参照。

(3) **検察官への送致**

禁錮以上の刑に当たる罪の事件その他家庭裁判所へ直接送致すべ
き事件以外の事件は、刑訴法246条に従い、全て検察官に送致しな
ければならない。

この少年事件が他の少年事件又は20歳以上の者の事件と関連する
場合の取扱いについては、犯捜規211条、212条参照。

(4) **簡易送致**

送致の一般的方式については、上記のとおりであるが、この通常
の送致手続の例外として、いわゆる簡易送致手続が昭和25年以来行
われている。少年法は、既に説明したように、全件送致主義をと
り、全ての少年事件を家庭裁判所に集中することとし、20歳以上の
者の事件における起訴猶予や微罪処分のような捜査機関限りでの事
件の終結措置を認めていない。しかし、事案が極めて軽微であるよ
うな事件についてまで一律に複雑な手続によって処理するのは、少
年を保護指導する上において必ずしもよい効果をもたらすとは思わ
れず、また、警察官の事件送致意欲を低下させることにもなる。そ
こで、一定の基準に該当する軽微な事件について、簡易送致手続が
認められている（犯捜規214条参照）。なお、簡易送致は、警察限り
で処理し事件を検察官に送致しない微罪処分と異なり、毎月一括し
てではあれ、検察官又は家庭裁判所に本件を送致するものであり、

全件送致主義の例外ではない。

簡易送致の認められる事件については、警察において、20歳以上の者の事件の微罪処分の際の処置（犯捜規200条参照）に準じて、少年、保護者等に対する訓戒、注意等適宜の処置をとった上、ごく簡略化された方式により、事件を検察官又は家庭裁判所に毎月一括送致する（犯捜規214条）。家庭裁判所の取扱いも、原則として書面審理で済ますなどなるべく簡略な手続によって処理されることとなる。

簡易送致は、送致手続の簡略化であるから、この手続で送致された事件について、家庭裁判所が必要に応じ、通常のやり方で調査・審判を行うことはもちろん妨げない。この場合に、家庭裁判所から資料の追送を求められたときは、捜査機関としては、なるべく速やかにこれに応ずべきものであろう。なお、簡易送致手続によるべきでない事件をこの手続で送致した場合にも、送致自体は有効であるから、改めて送致すべきものではなく、資料の追送等を考慮すべきであろう。

## 5 検察庁における事件処理

現行少年法は、少年事件について家庭裁判所中心主義をとり、20歳以上の者の事件におけるような起訴猶予（刑訴法248条）を認めないこととしたから、検察官は、警察から送致を受けた事件や自ら認知した事件について捜査を遂げた結果、犯罪の嫌疑があるものと思料するときは、これを家庭裁判所に送致しなければならない（法42条1項前段）。

家庭裁判所に送致しなければならないのは、犯罪の嫌疑が認められる場合であるから、犯罪の嫌疑がない場合や犯罪に当たらない場合には、「心神喪失」、「罪とならず」、「嫌疑なし」、「嫌疑不十分」等の理

由による不起訴処分で事件を終結させることができる。ただし、犯罪の嫌疑がない場合でも、ぐ犯少年であり家庭裁判所の審判に付すべき事由（ぐ犯事由）がある場合には、家庭裁判所に送致しなければならない（同項後段）。なお、触法少年であることが判明した場合については、「刑事未成年」という区分で不起訴処分にした上、児福法25条に基づく通告をすることになろう。14歳未満のぐ犯少年についても、家庭裁判所は当然には審判権を有しないから、「嫌疑なし」等の理由で不起訴処分にした上、児童相談所に通告すべきである。

事件につき、訴訟条件を欠いたり、刑の免除等の事由があることは、当然には家庭裁判所に送致しなくてよい理由とはならないが、審判条件を欠くことが確定的になっているときは、そのような事件を家庭裁判所に送致しても、家庭裁判所としては、調査・審判することはもちろん、受理することもできないわけであるから、検察官において、所定の区分に基づき（例えば、被疑者死亡、裁判権なし、第一次裁判権放棄、告発無効、通告欠如、反則金納付済み、確定判決あり、保護処分済み等）不起訴処分をすべきものと解する。

法42条は、検察官の終局的処分を禁ずる趣旨であるから、「移送」、「中止」等の中間処分ができることは当然である。

法20条により逆送された事件に係る少年につき余罪が発見された場合には、検察官は、その余罪については、改めて家庭裁判所に送致しなければならない（最判昭28・3・26刑集7・3・641）。

送致の方式は、規則8条に定められている。

検察官は、一定の場合に、家庭裁判所の決定により、家庭裁判所の審判に関与できるが（法22条の2第1項）、検察官において、関与の必要があると思料するときは、職権発動を促す趣旨で、関与の申出をすることができる（同条2項）。実務上は、捜査段階で少年が否認するなどした場合に関与の申出をすることが考えられるが、どのような

場合に関与の申出をすべきかは、犯行や犯行に至る経緯についての少年の主張、審判で必要な証拠調べの内容、犯罪の重大性、被害者や遺族の希望等を考慮して、検察官が非行事実の認定に関する審判の手続に関与する必要性の有無、程度を検討する必要があろう。

　検察官は、送致書に、少年の処遇に関して意見を付けることができる（警察も同じ。規則8条3項）。この処遇意見は、公益の代表者としての検察官（検察庁法4条参照）が、少年の処遇に関する意見を裁判所に反映させるほとんど唯一の機会である。したがって、検察官としては、処遇意見を付するに当たっては、形式的な判断に流れることなく、必要な場合には詳細な理由を付するなど、公益的な立場からの意見が十分審判に反映するよう工夫を凝らさなければならない。

## 6　交通事件の特則

　道路交通法違反事件の処理については、特例として、いわゆる交通切符制度と交通反則通告制度があるが、この二つの制度は、いずれも少年事件にも適用される。これらの制度の詳細については他に譲ることとして、ここでは、少年事件の処理との関連において注意すべき点を略述する。

### (1)　交通切符制度

　交通切符制度は、その正式な名称を「道路交通法違反事件迅速処理のための共用書式」ということからも分かるように、新たな法律上の手続を創設したものではなく、刑訴法6編に規定される略式手続及び交通事件即決裁判手続法による即決裁判手続について、これに必要な書類等を警察、検察庁、裁判所の間で統合し、共用することによって、この二つの手続を最大限に簡易迅速化しようとするものである。

　少年事件について適用される本制度の大綱は、20歳以上の者の場

合とほぼ同様であるが、20歳以上の者の場合と違うのは、直ちに略式命令あるいは即決裁判がなされるのではなく、一旦家庭裁判所に送致され、そこから逆送されてきた者についてのみ略式命令がなされることになる点である。この点に関連して、①検挙警察官は、違反者が少年であることが判明したときは、その者の保護者を確かめ、交通切符の所定欄に記入する必要があること、②常駐警察官は、違反内容を確認し、家庭裁判所に送致すべき事件（罰金以下の刑に当たる事件）であるときは、交通切符に少年事件送致書を添付して家庭裁判所に送致し、その他の場合は通常どおり交通切符を検察官に送ることとなることに注意する必要がある。

## (2) 交通反則通告制度

　交通反則通告制度（道路交通法9章）は、昭和43年から実施されたが、当初は、この制度を少年に適用するにはなお検討の余地があるとして、適用範囲から除外されていた。しかし、運用の実績を見ると、少年と20歳以上の者との間に同種事件の処理について均衡を失するのみならず、少年の遵法精神を低下させるなどの種々の不都合を生じてきたので、同法の改正により、昭和45年から少年についてもこの制度が適用されることとなった。少年についてのこの制度の骨子は、おおむね次のとおりである。

　少年の反則者に係る事件については、居所不明等一定の例外の場合を除き、その者が警察本部長から当該反則行為に係る反則金の納付の通告を受け、かつ反則金納付の期間が経過するまでは、家庭裁判所の審判に付されない（同法130条）。

　少年が反則金を納付したときは、家庭裁判所の審判に付されない（同法128条2項）。

　したがって、反則金納付済みの事件については、審判条件を欠くから、司法警察員は、それが罰金以下の刑に当たる罪の事件であっ

ても家庭裁判所に送致することを要せず、また、告訴、告発事件を除き、検察官に送致することも要しないものとされている。

　反則金を納付しない場合には通常の手続によって家庭裁判所に送致されることになる。

　反則金不納付で送致され、審判が開始された少年について、家庭裁判所は、相当と認めるときは、期限を定めて反則金の納付を指示することができる（同法130条の2第1項）。

　上記の指示が行われた場合の反則金の納付方法及び納付の効果は、警察本部長の通告による反則金の納付の場合と同様に取り扱われる（同条3項）。

　この指示を受けた者が、これを納付するかどうかは全く任意であり、その意味で、この指示は、独立した保護処分ではなく、一種の説諭的意味をもつ事実上の保護的措置と考えられる。この指示に従って反則金を納付すれば、審判権がなくなるので、不処分決定がなされ、納付しなければ、更に必要に応じて保護、逆送処分等の措置がとられることになる。

## 7　事件送致後の取調べ

　事件が家庭裁判所に送致され、法17条1項2号の措置により少年が少年鑑別所に収容されている間に、余罪が発覚するなどして、新たな取調べを行う必要が生ずる場合がある。このような場合に、少年鑑別所に出向いて少年を取り調べることが許されるのはもちろんであるが、少年は現に保護の過程にいるのであるから、取調べに際してはそのことに十分配慮するとともに、事前に家庭裁判所及び少年鑑別所に連絡してその了解を得ておくことが望ましい。引当り等のため少年を少年鑑別所外に連行する必要がある場合には、事前に家庭裁判所の許可を得る必要がある。

　収容中の少年について逮捕状による逮捕を行うことも法律上は可能であるが、このような場合には逮捕状と少年鑑別所送致決定及び少年鑑別所の長の執行権限との間に競合状態を生じ、実際上困難な問題を生ずるおそれがあるので、少年が保護手続の過程にあるということを考慮して、なるべく逮捕状の執行を避け、少年鑑別所内で取調べを行うようにすることが望ましい。また、逮捕状を執行する場合には、あらかじめ家庭裁判所及び少年鑑別所に連絡し、事実上の了解を得ておくようにすべきである。

　家庭裁判所に事件を送致した後、当該事件について、更に少年を取り調べ、あるいは、差押え、捜索、押収等の強制捜査を行うことができるか。消極説もあるが（少年鑑別所に収容中の少年の取調べに関し、大阪高決昭43・7・25判タ223・123、大阪地決昭36・7・4判時273・8）、これを禁ずる法文上の根拠もなく、また、起訴後の被告人の取調べと違って、本人の当事者としての地位を害するというおそれも少ないのであって、保護手続に移っているとはいえ、事件自体がいまだ刑事事件としての性格も保持しているのであるから、保護手続を阻害しない限り、取調べ等を行うことができるものと解すべきである（大阪高判昭42・9・28高刑集20・5611参照）。しかし、事件は、一応捜査機関の手を離れ、家庭裁判所の主宰する保護手続に移っているのであるから、運用上は、できる限り家庭裁判所の処置に委ねるのが相当であろう。また、少年を取り調べる場合にも、家庭裁判所の調査・審判及び少年鑑別所の行う鑑別に支障を来さないよう十分に配意する必要があることはいうまでもない。

## ◆第3　触法少年、ぐ犯少年の事件の取扱い

　警察は、触法少年、ぐ犯少年のみならず、児福法上の要保護少年あ

るいはいわゆる不良行為少年など広範囲の少年を対象として警察活動を行っている。

## 1 触法少年、ぐ犯少年事件取扱いの法的根拠

触法少年、ぐ犯少年は、犯罪を犯したものではないから、これについて捜査を行うことはできない。警察においては、毎年非常に多数に上る触法少年、ぐ犯少年を取り扱っているのであるが、司法前手続におけるこの種事件の取扱い方法については、少年法はほとんど触れるところがなかった。

この点、触法少年の事件については、平成19年の法改正前においては、触法少年の行為は犯罪とならないため、刑訴法に基づく捜査ができないとの理解の下、警察は、従前から任意の範囲内で必要な調査を行い事実解明を行ってきたところであるが、その調査権限の具体的な根拠が少年法上明確でなかったために、関係者の協力を得られないなど、事実解明に困難が伴う場合があった。そこで、平成19年の法改正により警察の調査権限の明確化等のための規定が整備され、その法的な根拠が明確にされた。

他方、ぐ犯少年については、平成19年の法改正における政府提出案では、触法少年のほかぐ犯少年についても、警察官の調査に関する規定が設けられていたところ、国会においてこれを削除する旨の修正がなされたが、この修正は、従前から警察が行っていた調査の範囲や方法等を変更しようとするものではなく、従来どおり、警察は必要な場合、任意での調査を行うことが可能と解されている（平成19年に少警規が改正され、ぐ犯調査に当たって警察官等が配慮すべき事項等が定められた。少警規3章3節参照）。

## 2　触法少年の事件の処理

　触法少年の事件については、①警察は犯罪捜査に関連して取り扱うに至る場合と、②少年補導等の行政警察活動の過程において取り扱う場合があるが、犯罪少年の事件として逮捕し、取り調べた結果、触法少年の事件であることが明らかになったときは、捜査を終結し、直ちに身柄を釈放しなければならない。この場合にも、逮捕手続書・弁解録取書等を作成し、逮捕手続の有効性を確保しておく必要がある。

　また、上記①又は②のいずれの場合であっても、警察官は客観的な事情から合理的に判断して、触法少年であると疑うに足りる相当の理由のある者を発見した場合において、必要があるときは、事件について調査をすることができる（法6条の2第1項）。この触法少年に対する調査は、少年の情操の保護に配慮しつつ、事案の真相を明らかにし、少年の健全な育成のための措置に資することを目的として行われる（同条2項。触法調査の基本とされる事項について、少警規15条参照）。

　なお、触法少年の事件の調査については、少年の特性に一層配慮した調査を行うため、警察官の指揮命令により、少年の心理その他の特性に関する専門的知識を有する「少年補導職員」と呼ばれる警察職員が、任意の調査を行うことができる（同条3項）。

　警察官は、任意の調査として、少年、保護者又は参考人に対する呼出し、質問（法6条の4第1項）及び公務所等に対する照会（同条3項）の権限を有する。この権限については、相手に質問に応じる義務を負わせるものでないことから、質問に当たっては、強制にわたることがあってはならないこととされている（同条2項）。

　また、警察官は、物に対する強制処分として、押収、捜索、検証又は鑑定の嘱託ができる（法6条の5第1項）。その手続について刑訴

法中の司法警察職員が行う押収等に関する規定が準用される（同条2項）が、触法少年に対する影響等に鑑み、少年の逮捕、勾留等の身柄拘束は認められておらず、準用する刑訴法の規定からは鑑定留置に関するものも除外されている。

　他方、少年及び保護者は、触法少年に係る調査に関し、弁護士である付添人を選任できる（法6条の3）。これは、上記のとおり、触法少年の事件に関する警察の強制処分の権限ができるよう規定が整備されたことから、少年のより一層の利益の擁護を図るために弁護士である付添人を選任できることとされたものである。これにより、少年は単独でも付添人を選任でき、保護者は、その同意がないことを理由に少年による選任の効力を取り消すことはできないこととなった。この付添人は少年に対し、審判段階の付添人（法10条）と同様に、少年に対し、法的なアドバイスができるほか、調査の段階で警察官が行った少年に対する押収等の処分に関し、準抗告ができると解されている（その選任の手続については、少警規19条参照）。

　警察官は、このような調査の結果、

①　触法少年の事件で、故意の犯罪行為により被害者を死亡させた罪、又は、それ以外の死刑若しくは無期若しくは短期2年以上の懲役若しくは禁錮に当たる罪に係る刑罰法令に触れるものである場合

②　その他の触法少年に係る事件で、家庭裁判所の審判に付することが適当であると思料する場合

のいずれかに該当する場合は、当該調査に係る事件を児童相談所に送致しなければならない（法6条の6第1項）。この送致の制度は、触法少年の事件について、警察官の調査権限が明確化されたことに伴い、調査をした場合の事件の取扱いについても整備されたものである。

　また、捜査機関は、触法少年（14歳未満のぐ犯少年も同じ。）については、当該少年に保護者がなく、又は保護者に監護させることが不適当であると認められる限り、まず児童相談所等に通告しなければならない（児福法25条）ことから、上記①及び②に該当しない事件で、同条に該当するものはこの通告をしなければならない。

　なお、この児福法上の通告と法6条の6第1項の送致の制度は、法的性質や要件の異なる別個の制度であり、両者は両立し得るものであるから、同項に該当する事件についても児福法上の通告を行うことが可能であるが、児福法上の通告は、児童相談所等の職権発動を促す通知行為という性質を有するところ、警察官から事件の送致があったときは、当該送致に係る少年の事件は、当然に児童相談所に係属するので、当該児童について重ねて通告をする必要はない。

　警察から触法少年に係る事件の送致を受けた児童相談所等は、それが法6条の6第1項第1号の罪に係る重大な触法行為を行った触法少年である場合には、原則として、事件を家庭裁判所に送致しなければならない（法6条の7第1項本文。いわゆる原則家庭裁判所送致の制度）。もっとも、このような少年の事件であっても、少年の年齢や心身発達の程度、事案の内容及びその解明の程度等に照らし、家庭裁判所の審判を経るまでもなく、児福法上の措置をとるべきことが明らかなものについては、児童相談所長等の判断において、家庭裁判所に送致しないことができる（同項ただし書）。

## 3　ぐ犯少年の事件の処理

　犯罪少年の事件として逮捕し、取り調べた結果、ぐ犯少年であることが明らかになったときは、その少年が14歳以上18歳未満であれば原則として家庭裁判所に送致し、事案によっては児童相談所に通告し、14歳未満であって児福法25条の要件があれば児童相談所に通告するこ

ととなる（法3条2項、6条2項、41条後段。なお、少警規33条参照）。

　上記の少年の身柄は、犯罪がないことが明らかな時点で釈放しなければならないが、ぐ犯少年の中には、家出中の者や逃走のおそれの強い者等も多く、釈放することが本人の保護のために相当でないことが少なくない。家庭裁判所に事件が受理された後であれば、同行状（法11条、12条）によって身柄を確保できるが、事件の送致のためには、若干の時間を要することも多い。このような場合には、家庭裁判所に送致すべき事件に限り、家庭裁判所に適宜な方法で連絡し、送致又は通告があったものとして事件受理をしてもらい、緊急同行状（法12条）の発付を受けて、その執行として家庭裁判所に連行するという方法が実務上行われている。しかし、緊急同行状は、もともと家庭裁判所の調査審判のためのものであるので、上記のような実務上の取扱いは、やむを得ないものであるとはいえ、無理が多く、立法的解決が必要と指摘されているところである。

　なお、緊急同行状に係る規定（法12条、26条4項）は、特定少年である少年の保護事件については、適用されない（法65条2項）。

　捜査としてではなく、補導活動の中でぐ犯少年を発見したときは、家庭裁判所へ送致（法6条2項）すべきか、通告（法6条1項）すべきか。警察官として、どちらでもできると解すべきであろう（昭35・12・13最高裁家庭局長回答、家月13・1・201。なお、平成19年の法改正により法8条が改正され、警察官が家庭裁判所への送致主体として明示されている。）。なお、少警規33条1項1号は送致の手続によることとしている。

　電話による通告が認められるかどうかについては説が分かれているが、緊急保護の必要性のある場合も多いので、通告者及び通告内容が特定され、緊急性が明らかな場合には、電話による通告も許されると

解してよいのではなかろうか。

## ◆第4　捜査機関の処遇意見

　前述（第2章第2の5）したように、捜査機関は、事件送致に際して少年の処遇に関する意見を付することができる。これは、現行法制上家庭裁判所に捜査機関の見方を反映させ得るほとんど唯一の機会であるから、十分な根拠に基づいた、かつ説得力のある意見を付するようにしなければならない。捜査機関と裁判所とでは、ものの見方や重点の置き方も異なるし、捜査段階から家裁段階に移行するにつれて調査の深度・精度も深まるのであるから、家庭裁判所の判断が捜査機関の付した意見と合致しないこと自体は事柄の性質上やむを得ないが、捜査機関としては、自己の意見が裁判所によく理解されるよう処遇意見の付し方、裁判所との事実上の連絡等に工夫をこらす必要があり、また、判断の不一致に納得がいかないときは、事後の少年事件処理に資するためにも、家庭裁判所がそのような決定をするに至った理由を知るように努めるべきであろう。

　家庭裁判所が刑事処分相当として事件を検察官に逆送する場合は、おおむね、①非行深度が進んでおり、保護処分では賄えないと判断される場合（保護不能）と、②事件の重大性、被害者や一般社会の感情等を考えて、刑罰を科する必要性の方が本人保護の要請に優越する場合（保護不適）に大別される。保護処分にするか、刑事処分にするかは、少年事件処理上最も重要な分岐点であるから、捜査機関としても、少なくとも刑事処分相当の意見を付する事件については、どのような観点から刑事処分を必要とするかを明らかにしておくことが望ましい。

# 第3章　家庭裁判所における調査・審判

家庭裁判所における手続は、主として少年の保護を目的として進められるものであり、第一次の保護手続とも呼ばれる。しかし、犯罪少年の事件の中には、刑事処分にまで発展するものもあり、その意味で、刑事手続としての性格も潜在している。

## ◆第1　事件の受理

家庭裁判所は、検察官からの送致（法42条）、司法警察員からの送致（法41条）、都道府県知事又は児童相談所長からの送致（法3条2項、児福法27条1項4号、27条の3）、家庭裁判所調査官の報告（法7条1項）、一般人からの通告（法6条1項、児福法25条ただし書）、保護観察所長からの通告（更生保護法68条1項）等により、事件を受理する。

実務上は、検察官又は司法警察員からの送致によるものが大部分である。

## ◆第2　審判条件

犯罪少年、触法少年、ぐ犯少年であれば全て家庭裁判所の審判に付されるわけではなく、非行少年を審判に付するためには、一定の条件が必要とされる。これを審判条件と呼ぶこともできよう。審判条件を欠いた事件については家庭裁判所は審判をすることができないから、家庭裁判所に係属中にこのことが判明したときは、家庭裁判所は、決

定で事件を終結させ（法19条１項、23条２項）、あるいは、事件を取り扱う権限を有する他の機関に送致しなければならない（法５条３項、18条１項、19条２項、23条３項等）。捜査の段階で審判条件を欠くことが明らかになったときは、これを家庭裁判所に送致することは無意味であるから、通常の例によって（犯罪少年であれば刑訴法の原則に戻って）、事件を処理しなければならない。何が審判条件であるかについて明文の規定はないが、通常次のような事由があげられる。

① 本人が20歳未満であること

② 本人が生存していること

③ 本人について我が国の裁判権が及ぶこと

　　外国の元首及びその家族については、国際慣例上我が国の裁判権は及ばないので、少年法は適用されない。我が国に派遣された外国の外交官及びその家族については、条約上刑事裁判権が制限されているので（外交関係に関するウィーン条約31条、37条）、犯罪少年について家庭裁判所の審判権がないことは問題がないであろう。触法少年、ぐ犯少年についても条約の文言上は必ずしも明らかではないが同様に解すべきであろう。

④ 事件について裁判所が土地管轄を有すること

　　少年事件の土地管轄は、少年の行為地、住所、居所又は現在地による（法５条１項）。家庭裁判所は、土地管轄がないときは、決定で管轄家庭裁判所に移送しなければならない。捜査段階で判明したときは、土地管轄を有する家庭裁判所に対応する検察庁に移送する。

⑤ 同一事件については一事不再理の効力が生じていないこと

　　犯罪少年について保護処分がなされた場合には、当該審判を経た事件については家庭裁判所は重ねて審判をすることができない（法46条１項）。これは、犯罪少年に対する保護処分決定に一事不

再理効類似の効力を認めたものである。

　この効力の及ぶ範囲は、保護処分の対象となった決定書記載の犯罪事実であり、これと併合罪の関係に立つような事実で審判の対象とならなかったものには及ばない（最決昭36・9・20刑集15・8・1501）。事実の同一性及び単一性のある範囲内の全ての事実に及ぶかどうかについては説が分かれている。例えば、牽連犯等の科刑上一罪あるいは営業犯、常習犯等の包括一罪の一部分のみを対象として審判がなされ、保護処分決定があった場合に、他の部分について重ねて審判ができるか。本人の保護という面から考えると疑問がないではないが、保護処分についても一事不再理効類似の効力を認めることとした法律の趣旨から考えて、刑事訴訟の場合と同様に、事実の同一及び単一の範囲内で一事不再理効類似の効力が発生すると考えるべきであろう。

　一事不再理効類似の効力は、保護処分決定にのみ認められるのが原則であるが、平成12年の法改正により、審判不開始決定や不処分決定であっても、検察官関与決定があった事件については、一事不再理効類似の効力が認められることとされている（法46条2項）。検察官関与決定があった場合には、検察官も審判の手続に関与して十分な事実認定がなされることとなる上、検察官は事実誤認等を理由として抗告受理申立てをすることができることから、制度上、同一事件について重ねて審判を可能としておく必要はないからである。

　検察官の審判関与が認められていなかった平成12年の法改正前の判例は、審判不開始又は不処分の決定には一事不再理効類似の効力は認められないとしていた（最判昭40・4・28刑集19・3・240、最決平3・3・29刑集45・3・158）。検察官関与決定のない事件について、審判不開始又は不処分決定がなされた場合は、

現在でもこの判例が妥当すると解される。

⑥　事件の送致・通告手続が有効になされていること

　送致・通告の手続が有効であるというためには、送致・通告をなすための要件が満たされていること及び送致・通告自体が適式になされていることが必要である。触法少年及び14歳未満のぐ犯少年については、前述（第1章第2の2(2)、(3)）したように、第一次的には児福法が優先し、家庭裁判所は都道府県知事等から送致を受けたときでなければ審判権を有しないから、これらの少年が直接家庭裁判所に送致・通告されたときは、審判条件を欠くことになる。この場合には、家庭裁判所は、法18条1項の準用により、直接都道府県知事に送致できると解すべきであろう。告訴、告発、請求を待って論ずべき罪について告訴等がない場合については問題がある。親告罪の告訴については、判例、通説は、告訴の欠如は審判条件を欠くことにならず、家庭裁判所は審判権を有すると解している（福岡高決昭42・10・18判タ228・245等）。確かに、家庭裁判所の審判は、少年の保護を目的とするものであり、他方、告訴の欠如は、犯人を訴追、処罰するための障害にすぎないから、保護手続という面から考える限り、判例、通説の考え方は是認し得る。しかし、親告罪という制度を設けた趣旨からすると問題がないわけではない。親告罪とされている罪の中には、主として、犯罪自体が軽微でしかも全く被害者の個人的法益に関するものであるため、処罰の要否を被害者の意思に委ねた方がよいという理由に基づくものがある。例えば、過失傷害（刑法209条）、侮辱（同法231条）、器物損壊（同法261条）等の罪がそれである。この種の親告罪については、審判の対象としても特段の問題を生じない。これに対して、訴追をすることによって被害者の名誉、秘密、感情等を傷つけ、あるいは被害者の利益を損な

う結果になるおそれがあることを主たる理由とする親告罪、例え
ば、秘密漏示（同法134条）、名誉毀損（同法230条）等の罪につ
いては、被害者は、上記の理由から告訴を断念したのに、審判手
続で事件をむし返されることになり、これらの罪を親告罪とした
趣旨が没却されるおそれが生ずる。少年審判手続は非公開とされ
ており（法22条2項等）、被害者の立場が損なわれるおそれが実
際上は少ないと思われるので、判例、通説の見解を支持し得る
が、実際の事件の処理に当たっては、親告罪とした趣旨を没却し
ないよう十分な配慮が望まれる。

　告発（国税通則法159条、関税法140条等の国税犯則事件等）又
は請求（刑法92条の外国国章損壊等）を待って論ずべき罪につい
ては、単に被害者の立場というだけでなく、その他の種々の理
由、例えば、国税徴収の確保、国際礼譲その他の公益的考慮から
告発、請求が要件とされているものであり、いかに保護のためと
はいえ、家庭裁判所の審判という公権力の発動がなされると、告
発等を要件とした制度の趣旨が没却されることがある。したがっ
て、告発、請求を待って論ずべき罪については、これを欠くとき
には、審判条件を欠くものと解すべき場合があろう（国税犯則事
件において少年が通告処分を履行した場合につき、昭28・1・12
最高裁家庭局長回答、家月5・1・103参照）。

　いわゆる交通反則通告制度（道路交通法9章）の適用のある事
件については、反則金を納付した者（同法128条2項）、通告を受
けていない者及び通告を受けてから10日の期間を経過していない
者（同法130条）については家庭裁判所の審判に付されない。

　司法警察員が、検察官に送致すべき事件を直接家庭裁判所に送
致した場合には、送致手続は無効であり、したがって、審判条件
を欠くことになる。通常の送致手続をなすべき事件について前述

（第2章第2の4(4)）の簡易送致手続によった場合については、送致手続の効力を否定する裁判例もあるが（大阪家決昭45・11・16判時621・113）、簡易送致も送致には違いないから、直ちに無効となるものではなく、送致の方式違背が送致自体を無効ならしめる程度に重大なものかどうかによって決すべきものであろう。送致の方式は、規則8条に定められているが、送致は、刑事訴訟における起訴のような厳格な要式行為と解する必要はないから、審判に付すべき少年及び審判事由の不特定などのような重大な瑕疵のある場合は格別、送致の方式違背は、通常は送致自体を無効ならしめるものではないと解される。その意味で上記裁判例の考え方には賛成できない。

⑦　犯罪後の法令による刑の廃止、大赦、時効完成等の事由の存しないこと

　　これらの事由は、いずれも免訴事由（刑訴法337条）であり、少年の保護という面から考えれば審判権を否定する理由にはならないとする説も有力であるが、これらの事由は、いずれも、過去の犯罪をなかったものとして扱おうとする制度であり、そのようなものとして本人も、被害者も、また社会一般も納得しているのであるから、これを再び掘り返して審判を行うのは適切とはいい難い場合が多く、かえって少年の情操を傷つけるおそれもある。したがって、これらの事由がある場合には審判条件を欠くものと解すべきではなかろうか。

# ◆第 3　観護措置

## 1　観護措置決定及び更新決定

### (1)　観護措置

　　家庭裁判所は、審判を行うため必要があるときは、観護の措置をとることができる。これには、在宅のまま家庭裁判所調査官の観護に付する方法（法17条 1 項 1 号）と少年鑑別所に送致する方法（同項 2 号）がある。実務上は、少年の身柄を少年鑑別所に収容する観護措置がとられることが多く、以下では、少年鑑別所送致を観護措置という。

　　観護措置は、家裁送致後に少年の身柄を確保する手段であり、刑事訴訟手続で言えば、起訴後の勾留に近い。観護措置は、審判や調査のために少年の身柄を保全するという司法的側面と、少年を非行環境から切り離して落ち着いた状態で審理を受けさせるとともに、少年鑑別所による資質鑑別を受けさせることにより、少年の保護を図るという福祉的側面を有する。その意味で、観護措置は強制処分ではあるものの、勾留のように純司法的な身柄拘束とは様相を異にする。

### (2)　観護措置決定の手続

　　観護措置決定は、家庭裁判所に事件が係属中であれば可能であるが、実務上は、検察官から少年の身柄付きで送致を受けたときにとることが多い。検察官又は司法警察員から勾留又は逮捕された少年の送致を受けたときは、24時間以内に観護措置をとらなければ、身柄を釈放しなければならない（法17条 2 項）。観護措置をとるに際しては、裁判長が、少年に対し、あらかじめ、供述を強いられるこ

とはないこと及び付添人を選任できることを分かりやすく説明した上、審判に付すべき事由の要旨を告げ、これについて陳述する機会を与えなければならない（規則19条の３）。勾留の場合の勾留質問手続と同様のものである。

　観護措置決定をするには、①審判条件があること、②少年が非行を犯したことを疑うに足りる相当の理由があること、③審判を行う蓋然性があること、④審判を行うため観護措置の必要があることが必要である。観護措置の必要性には、少年の身柄の確保の必要性、少年の保護の必要性、心身鑑別の必要性などが含まれる。観護措置決定をするには、少年鑑別所を指定し（規則20条１項）、裁判長が、少年の面前で言い渡さなければならない（規則３条２項１号）。

(3)　**観護措置の期間及び更新**

　観護措置の期間は、原則として２週間である（法17条３項本文）。ただし、特に継続の必要があるときは、更新することができる（同項ただし書）。更新であるから、２週間単位で収容を継続することとなる。更新決定は、通常は１回（当初の身柄収容から通算すると４週間まで）しか許されないが、特に一定の要件がある場合には、更に２回（当初の身柄収容から通算すると最長８週間まで）、更新が許される（これを「特別更新」という。）。２回目以降の更新は、平成12年の法改正により導入されたものである。すなわち、少年事件においても、多数の証拠調べが必要であるなど、相当の審理日数を要する事件があり、そのような場合には、少年の身柄を確保して逃亡、自殺自傷行為、罪証隠滅行為等を防止して、的確な事実認定及び適切な処遇の決定を行うことができるようにする必要がある。そこで、①犯罪少年に係る死刑、懲役又は禁錮に当たる罪の事件で、②その非行事実の認定に関し、証人尋問、鑑定又は検証を行うことを決定したもの又はこれを行ったものについて、③少

年を収容しなければ審判に著しい支障が生じるおそれがあると認めるに足りる相当の理由がある場合に、2回目、3回目の更新が認められる（法17条4項ただし書）。

　なお、観護措置は、審判の状況に応じ、いつでも取り消し、その後に、改めて観護措置をとることができる（同条8項）。その場合、更新決定の回数は、一から計算し直すこととなるので、更新回数の制限のほかに、通算の収容期間は8週間を超えることができないこととされている（同条9項）。また、観護措置を一旦取り消した後、改めて観護措置をとる場合に、これにより通算収容期間が4週間を超えることとなるときは、2回目、3回目の更新決定をする際に必要とされる要件が必要である（同項ただし書）。

## 2　観護措置決定・更新決定に対する異議申立て

　平成12年の法改正前は、観護措置決定や更新決定に対して、少年の側から不服申立てをする手段が少年法には規定されていなかった。しかし、法改正により観護措置期間が延長されることに伴って、少年の身柄収容の判断が一層適正になされるよう、観護措置決定及び更新決定に対する異議申立ての制度が導入された。すなわち、少年、その法定代理人又は付添人は、観護措置決定又は更新決定に対して、異議の申立てをすることができる（法17条の2第1項本文）。異議申立ては、少年事件の迅速処理の要請や家裁の専門性に鑑み、上級審（高等裁判所）に対してではなく、保護事件の係属する（国法上の）家庭裁判所に対して行う。異議申立てに対する判断は、保護事件が係属する家庭裁判所の裁判官（原決定をした裁判官以外の裁判官）3人の合議体が行うこととなる（同条3項）。

　なお、異議申立ては、審判に付すべき事由がないことを理由としてすることはできない（同条2項）。非行事実の有無は、審判で審理さ

れるべき本案であるからである。また、異議申立てを棄却する決定に対しては、少年等は、憲法違反等の理由がある場合には、5日以内に最高裁判所に特別抗告ができる（法17条の3）。

# ◆第4 調 査

　家庭裁判所は、事件を受理し、審判に付すべき少年があると思料するときは、事件について調査をしなければならない（法8条1項）。調査の対象は、①審判条件や非行事実等の存否と、②少年の資質、環境等、少年が保護を要するかどうか、どのような保護を要するかという、いわゆる要保護性に関する事実である。

　①についての調査は、法的調査と呼ばれ、実務上は、担当書記官が一定の要領に従って法律記録を点検してその結果を裁判官に報告し、裁判官はこれを参考にしながら法律記録を精査し、判断するとの運用が行われている。

　②についての調査は、社会調査と呼ばれ、通常、法的調査等に基づき非行事実等の存在について蓋然的心証が得られた段階で、家庭裁判所の命令に基づいて家庭裁判所調査官によって行われる（同条2項）。調査は、少年、保護者又は関係人の行状、経歴、素質、環境等について、医学、心理学、教育学、社会学その他の専門的知識、特に少年鑑別所の鑑別の結果を活用して行うよう努めなければならない（法9条）。

　いずれの調査についても、必要があるときは、少年の呼出し、同行や、証人尋問、鑑定、通訳、翻訳のほか、検証、押収又は捜索の強制措置をとり得る（法11条から15条）。また、家庭裁判所は、調査及び観察のため、警察官、保護観察官、保護司、児童福祉司又は児童委員に対して、必要な援助をさせることができる（法16条1項）。

　家庭裁判所調査官は、調査の結果を書面で裁判官に報告すること、その際、処遇上の意見を付すこと、書面報告の前後を問わず、少年の処遇に関して家庭裁判所に意見を述べることが義務付けられている（規則13条）。この調査報告書は、少年調査票と呼ばれ、少年鑑別所の鑑別結果通知書やその他少年の処遇上参考となる書類等と共に、少年調査記録（社会記録）に編綴される。この社会記録は、少年の要保護性審理の資料となるだけでなく、保護処分があった場合には執行機関に送付され（規則37条の２）、処遇上の参考資料として重要な役割を果たしている。また、少年が刑事裁判所に起訴された場合や、若年の被告人の場合には、当該刑事裁判所が家庭裁判所に対し、社会記録の取り寄せを行い、量刑判断の資料として用いることが行われている（法50条、規則７条、刑訴規則277条）。

# ◆第5　審判開始決定・不開始決定

　家庭裁判所は、調査の結果、審判に付することができず、又は審判に付するのが相当でないと認めるときは、審判を開始しない旨の決定をしなければならない（法19条１項）。これを、審判不開始決定という。平成24年においては、業過等事件（自動車運転過失致死傷・業務上過失致死傷及び危険運転致死傷に係る少年保護事件）及びぐ犯事件を除く一般保護事件の約３分の２が審判不開始で終了している。

　「審判に付することができないとき」とは、非行事実がおよそ認められない場合や、少年が所在不明の場合などを指す。「審判に付するのが相当でない」ときとは、非行事実は認められるものの、事案軽微であるとか、調査官の訓戒等の保護的措置で十分であるとか、別件による保護処分等がなされ、それ以上の措置を加える必要性がないなどの理由により、あえて審判を開始するまでの必要はない場合を指す。

　家庭裁判所は、調査の結果、審判を開始するのが相当であると認めるときは、審判開始決定をしなければならない（法21条）。少年保護事件の手続は、審判開始決定によって、調査段階から審判段階に移行し、裁判官が少年や関係者を呼び出して審理を行うことになる。また、審判開始決定をした場合には、①裁判所が検察官関与決定をすること（法22条の２第１項）、②裁判所がその裁量により国選付添人を選任すること（法22条の３第２項）、③検察官（検察官関与決定があった場合）及び付添人が事件の記録又は証拠物を閲覧すること（規則７条２項、30条の５）、④被害者等が、裁判所の認める場合に、保護事件の記録を閲覧・謄写すること（法５条の２第１項）が可能になるなどの効果が生じる。

　なお、審判開始決定は、いつでも取り消すことができる（規則24条の４）。

# ◆第6　審　判

## 1　審判の関与者

### (1)　裁判所

　審判の席には、裁判官及び裁判所書記官が列席する（規則28条１項）。家庭裁判所調査官は、裁判長の許可を得た場合を除き、審判の席に出席しなければならない（同条２項）。

　一般に、判事補は、原則として一人では裁判ができないが（裁判所法27条１項）、少年の保護事件については、刑事処分を相当とする検察官送致決定（法20条１項の決定）以外の裁判は一人ですることができる（法４条）。

　家庭裁判所は、原則として、一人の裁判官が裁判体を構成して、

単独制により裁判・審判を行うものの（裁判所法31条の 4 第 1
項）、合議体で審判又は審理及び裁判をする旨の決定を合議体でし
た事件については、3 人の裁判官による合議体で取り扱うこととし
ている（同条 2 項）。平成12年の法改正前は、刑事裁判のように合
議制をとることは認められていなかったが、少年事件にも複雑、困
難な事案が見られるようになっていることから、多角的な視点によ
り判断の客観性を高め、更に各裁判官の知識経験を活用することが
できるというメリットがある合議体による審理を可能にすることが
適当と考えられたため、家庭裁判所における裁判・審判にも裁定合
議制度が導入された。

　少年審判における裁定合議制度の対象となる事件は特に限定され
ていない。触法少年の事件や、ぐ犯少年の事件についても、裁定合
議制をとることができる。少年審判で、実際に裁定合議の対象とな
る事件としては、基本的には、非行事実の認定に困難を伴い、多角
的視点からより慎重に審理判断するのが適当な事件と考えられる
が、このほかにも、例えば、証拠資料が多数に上り証拠関係が複雑
な事件や、法律上の難解な争点を含む事件などが考えられる。

(2)　**少年・保護者**

　審判期日には、少年及び保護者を呼び出さなければならない（規
則25条 2 項）。少年が審判期日に出頭しないときは、審判を行うこ
とができない（規則28条 3 項）。保護者は、少年の権利、利益を守
る立場にあるだけでなく、少年の要保護性を調査する上で保護者の
保護監督能力も重要な調査対象になる上、少年の改善更生のために
保護者に対しても種々の働きかけを行う必要があることから（法25
条の 2 ）、審判に出席義務がある。少年又は保護者が正当な理由が
なく呼出しに応じない場合、又は応じないおそれがある場合は、家
庭裁判所は少年又は保護者に対して同行状を発して、同行すること

ができる（法11条2項）。実務上、呼出しは、原則的には呼出状の送達以外の相当と認める方法（規則16条の2）によって行われており、書記官名による「審判期日通知書」という書面を封書に入れ、普通郵便で送付する取扱いが多い。

## (3) 付添人

　少年並びにその保護者、法定代理人、保佐人、配偶者、直系の親族及び兄弟姉妹は、付添人を選任することができる（法10条1項）。付添人は、少年に対して最もふさわしい処遇を行う家庭裁判所の審判に協力する審判協力者としての性格と、少年の正当な権利、利益を擁護する弁護人的性格を、併せ持っている。令和3年の法改正前は、家庭裁判所の許可を受けて付添人を選任することができるのは、少年のほか、「保護者」に限られていたが、民法の成年年齢の引下げによって特定少年に「法律上監護教育の義務ある者」としての「保護者」が存在しなくなり、付添人選任権を有する者の範囲が狭まることから、同法改正により、少年の「法定代理人、保佐人、配偶者、直系の親族及び兄弟姉妹」も付添人を選任することができることとなった。また、弁護士を付添人に選任するには家庭裁判所の許可はいらないが、弁護士以外の者を付添人に選任するには許可が必要である（同項ただし書）。また、保護者も、家庭裁判所の許可を受けて、付添人となることができる。なお、弁護士である付添人の数は、3人を超えることができない（規則14条1項）。

　以上はいわば私選の付添人であるが、平成12年の法改正により、少年審判に検察官が関与することが認められたことに伴い、家庭裁判所が検察官関与決定をした場合（下記(4)アを参照）には、国選で弁護士である付添人を付することとされた（法22条の3第1項）。国選付添人の人数については、刑事の国選弁護人と同様、通常は一人を選任することになろう。

　さらに、平成19年の法改正により、家庭裁判所がその裁量により国選付添人を付すことのできる制度が導入され、平成26年の法改正により、その対象事件の範囲が拡大されることとなった。

　まず、平成19年の法改正により、

①　犯罪少年に係る事件であって、(i)故意の犯罪行為により被害者を死亡させた罪又は(ii)(i)に掲げるもののほか、死刑又は無期若しくは短期2年以上の懲役若しくは禁錮に当たる罪のもの

②　触法少年に係る事件であって、上記の(i)又は(ii)に掲げる罪に係る刑罰法令に触れるもの

について、少年鑑別所送致の観護措置がとられている場合において、少年に弁護士である付添人がないときは、事案の内容、保護者の有無その他の事情を考慮し、家庭裁判所が職権で少年に弁護士である付添人を付することができることとされた（平成26年の改正前の法22条の3第2項）。

　これは、平成19年の法改正の前には、少年審判への検察官関与決定がなされた場合以外には、少年審判において、少年に対し公費により付添人を付する制度はなかったところ、重大事件で、少年に観護措置がとられている場合には、一般に、少年院送致や検察官送致等の少年にとって影響の大きい処分の決定が予想されるとともに、その社会的影響も大きいことから、より適切な処遇選択が要請されること、身柄拘束を受けた少年は、家族その他の周囲の者の直接の援助を受けることが困難であるから、事案の内容や少年の状況等によっては、弁護士付添人が少年の行状や環境等に関する資料の収集や環境の調整のための積極的な活動を行うことが適当な場合があることから、一定の重大事件で、少年が身柄拘束（観護措置）を受けている場合に、家庭裁判所は、職権で、国選付添人を付することができるものとされたものである。

　さらに、平成26年の法改正により、上記①(i)(ii)とされていた対象事件の範囲が、「死刑又は無期若しくは長期３年を超える懲役若しくは禁錮に当たる罪」の事件に拡大された（後記第３章第６の１(4)アのとおりで、検察官関与制度の対象事件も同じ範囲に拡大されることとなった。）。

　このような法改正が行われたのは、平成26年の法改正前は国選付添人制度の対象となっていない事件の中にも、例えば、多数の者が関与し、関係者の供述が相互に異なっている傷害、詐欺、恐喝事案や、少年が暴力団組織に所属し、これが非行の要因となっているなどの事情があり、少年の改善更生のために法律の専門家である弁護士の援助を要する事案など、少年審判手続における事実認定や環境調整に弁護士である付添人の関与が必要であると考えられる事件が存在すること、捜査段階において被疑者国選弁護制度（平成26年の法改正当時は、対象事件の範囲が「死刑又は無期若しくは長期３年を超える懲役若しくは禁錮に当たる事件」とされていた（平成28年法律第54号による改正前の刑訴法37条の２）。）によって国選弁護人が付された少年が家庭裁判所に送致されて、観護措置をとられた場合には、家庭裁判所送致の際に弁護人選任の効力が失われるため（法42条２項）、少年が改めて自ら付添人を選任しない限り、国選弁護人として選任された者は付添人としての活動ができないこととなり、被害者との示談交渉や、職場、学校等との調整に支障が生ずることもあり得ると考えられ、当時の被疑者国選弁護制度の対象事件の範囲と家庭裁判所の裁量による国選付添人制度の対象事件の範囲を一致させる必要があると考えられたことによるものである。

　このほか、平成19年の法改正では、国選付添人制度に関し、法32条の５（抗告審における国選付添人）や、同法35条（再抗告）に関する規定も改正され、家庭裁判所で弁護士付添人を付していた事件

又は付する可能性があった事件については、抗告審や再抗告審においても、国選付添人を付することができることとされた。

なお、家庭裁判所が付する国選付添人の具体的な選任手続は、最高裁判所規則により定められている（法22条の3第3項、規則30条の3）。

家庭裁判所は、審判期日を付添人に通知しなければならず（規則28条5項）、付添人は、審判の席に出席することができる（同条4項）。

### (4) 検察官

平成12年の法改正前は、検察官は、事件を家庭裁判所に送致した後は、少年審判に関与することができなかった。しかし、非行事実の認定上問題がある一定の事件については、証拠の収集、吟味において少年側以外の公益的な観点を含む多角的な視点を確保するとともに、裁判官と少年側との対峙状況を回避させる措置が必要であり、また、事実認定手続を一層適正化することによって、少年審判における事実認定手続に対する被害者を始めとする国民の信頼を確保する必要がある。そこで、同年の法改正により一定の要件を満たした場合、家庭裁判所の決定により、少年審判に検察官が関与することができるようになった（法22条の2）。

ア　家庭裁判所が、審判に検察官を関与させる決定をするためには、

① 犯罪少年に係る事件であること

② その事件が死刑又は無期若しくは長期3年を超える懲役若しくは禁錮に当たる罪であること

③ その非行事実を認定するための審判の手続に検察官が関与する必要があると認められること

が必要である（法22条の2第1項）。

(ア)　検察官関与決定をすることができるのは、法３条１項１号に掲げる少年（犯罪少年）に係る事件に限られる。14歳未満の触法少年については、事件が犯罪ではなく、また、処分に当たっては要保護性がより重視されると考えられ、このような場合にまで検察官関与を認める必要はないことから、触法少年に係る事件についてはこれを検察官関与の対象とはしていない。ぐ犯少年に係る事件についても同様である。

(イ)　②の犯罪の範囲については、平成26年の改正前は「(i)故意の犯罪行為により被害者を死亡させた罪又は(ii)(i)に掲げる罪のほか、死刑又は無期若しくは短期２年以上の懲役若しくは禁錮に当たる罪」とされていたものであるが、平成26年の法改正により、上記のとおり、「死刑又は無期若しくは長期３年を超える懲役若しくは禁錮に当たる罪」に拡大された。

　　このような改正が行われたのは、平成26年の法改正前の検察官関与制度の対象となっていない事件、特に、社会的に見て重大な事件を含む長期３年を超える懲役又は禁錮に当たる罪に係る事件の中にも、例えば、多数の者が関与し、関係者の供述が相互に異なっている傷害、詐欺、恐喝等の事案や、結果が重大で過失の認定が難しい業務上（重）過失致傷等の事案のように、検察官を審判に関与させて事実認定手続のより一層の適正化を図ることが必要と認められる事件が存在すると考えられること、前記（第３章第６の１(3)）のとおり、家庭裁判所の裁量による国選付添人制度の対象事件の範囲が「死刑又は無期若しくは長期３年を超える懲役若しくは禁錮に当たる罪」に拡大されたところ、仮に検察官関与制度の対象事件以外に国費による弁護士付添人の選任を認めることとすると、当該事件につき非行事実の存在が争われて国費による付添人が選任された場合に

おいても、検察官が事実認定手続に関与することができないこととなるが、このような結論は、事実認定手続の一層の適正化を図ろうとする検察官関与制度の趣旨に沿わない上、被害者を始めとする国民の理解や納得を得られるかには重大な疑問があり、検察官関与が可能な事件の範囲と国選付添人を付することができる事件の範囲は、両者につき審判手続への関与が可能な枠として、一致させることが必要であると考えられたことによるものである。

②の罪に該当するか否かは、検察官から家庭裁判所へ送致した送致事実及び送致事実に係る罪名の法定刑を基準とするものと解される。一旦検察官関与決定をした後、裁判所が、送致事実については、②の罪には当たらないと考えたとしても、検察官関与が可能な罪の事件であるか否かは、飽くまでも送致事実を基準として判断すべきものであり、その後に、家庭裁判所において、そのような非行事実が認められず、あるいは縮小認定により長期３年以下の罪にしか当たらないなどと判断した場合であっても、検察官関与が違法となるものではない。

これらの罪については、正犯だけでなく、教唆犯や幇助犯も対象となる（なお、幇助犯については、②の罪（死刑、無期又は長期３年を超える罪）に当たるかどうかは法定刑を基準とし、送致事実に係る罪の法定刑が死刑、無期又は長期３年を超えるものである限り、従犯の処断刑が従犯減軽（刑法63条）により長期３年以下の罪となっても②の罪に当たるものと解される。）。さらに、②の罪について未遂犯処罰規定がある場合にはこれも対象となると解される。

また、複数の事件が家庭裁判所に係属している場合であっても、検察官関与決定ができるのは②の罪に当たる事件だけであ

　り、これと併合罪関係にある事件はもちろん、牽連犯や観念的競合など科刑上一罪に当たる事件も（例えば、住居侵入の上殺人に及んだ場合の住居侵入事件）、②の罪に当たる場合でない限り、関与決定はできないと解される。

(ウ)　③の要件に関し、「非行事実」とは、当該犯罪の構成要件該当事実のみならず、犯行の動機、態様及び結果その他の当該犯罪に密接に関連する重要な事実を含む事実であり（法17条4項）、いわゆる要保護性のみに関する事実を含まない趣旨である。

　　非行事実の認定とは、どのような事実が認定され、それについてどのような法令がどのように解釈、適用され、その結果どのような犯罪を構成すると認められるかまで包含するものであるから、法令の解釈適用に争いがある場合も、検察官は関与できると解される。

　　少年が当該犯罪を行ったこと自体は認めている場合であっても、例えば、他の共犯である少年が役割分担等について異なる主張をしている場合や、少年が身代わり犯人の疑いがある場合等には、検察官関与の必要性が認められると解される。

　　また、「審判の手続」とは、少年審判において実施される証人尋問や検証等の手続を意味する。

　　なお、「審判」の手続に検察官が関与する必要がある場合に関与決定をするのであるから、検察官関与決定をするには、既に審判開始決定がされているか、少なくとも、検察官関与決定と同時に審判開始決定がされる必要がある。

イ　法22条の2第1項の「審判に検察官を出席させることができる」とは、職権主義をとる審判構造の下で、裁判所の決定により、検察官が少年審判に出席することができるようにするとの趣

旨である。

　ここにいう「審判」とは、個々の審判期日を指すものではなく、当該事件の審理が行われている審判手続を一体として捉えたものであり、検察官が出席するのは、個々の証拠調手続ではなく、審判そのものである。

　検察官関与決定があった場合に、どの検察官が実際に審判に出席するかは、各検察庁において適宜決められることになる。実際上も、捜査を担当した検察官が出席することはあり得ると考えられる。また、複数の検察官の審判への出席の可否については、事案に応じ、複数の検察官が審判に出席することも、法律上は禁じられていないが、実際問題としては、一人の検察官が出席することが多いであろう。

　検察官の関与決定は事件単位で判断する必要があり、検察官に関与させる事件を追加する場合には、当該事件についても関与決定が必要になる。規則においても、検察官関与決定の主文においては、審判に検察官を出席させる事件を明らかにしなければならないこととされている（規則30条の２）。

　検察官関与決定の取消しの可否については、これを認めると検察官が関与して既に行われた手続の効力に影響を及ぼしかねないなど手続の安定を害するおそれがあること、仮に少年が否認から自白に転じるなど検察官関与の必要性が認められなくなった場合には、要保護性認定のための審理に移行すれば足りることから、要件を欠くのに関与決定をしてしまった場合等違法な決定を是正するときのほか、関与決定の取消しは認められないものと考えられる。

ウ　家庭裁判所は、検察官関与決定をするには、検察官の申出がある場合を除き、あらかじめ、検察官の意見を聴かなければならな

い（法22条の2第2項）。家庭裁判所が検察官関与決定をした場合、検察官においては、現実に審判に出席するという対応をとらなければならないことから、検察官関与決定をするには、家庭裁判所は、あらかじめ検察官の意見を聴かなければならないこととされたものである。

検察官が家庭裁判所に審判への出席の申出をすることは、職権発動を促す申出として当然に可能である。この申出の時期についても特段の制限はなく、審判開始決定前に行うことも可能である。実務上は、捜査段階で少年が否認するなどし、少年審判において検察官関与が必要と認められる事件については、検察官が事件を家庭裁判所に送致する段階で、送致書に意見を付するなどし、申出をすることが考えられる。

なお、検察官関与決定をする際に少年側の意見を聴取する必要はない。

エ　検察官は、刑事手続のように、少年の処罰を求める訴追官・原告官として関与するのではなく、家庭裁判所の手続主宰権に服しつつ、公益の代表者の立場から的確に事実認定が行われるよう審判の遂行に協力する、審判協力者としての立場で関与する役割を担うことになる。具体的には、検察官は、非行事実の認定に資するため必要な限度で、事件の記録及び証拠物を閲覧・謄写し、審判の手続（終局決定の告知を含む。）に立ち会い、少年及び証人その他の関係人に発問し、意見を述べることができる（法22条の2第3項）。

検察官は、「非行事実の認定に資するため必要な限度で」少年審判に関与するものであるから、要保護性を認定するための手続に関与することは予定されていない。ただ、少年審判においては、事実認定のための手続と要保護性認定のための手続が、明確

に区分されているわけではない。また、ある証拠調べが非行事実の認定のためにも、要保護性の認定のためにも資することは、しばしば見られるところである。したがって、「非行事実の認定に資するため必要な限度で」関与するとは、要保護性を認定するためだけの手続に関与しないという趣旨と解すべきであろう。

　また、検察官は、「関与決定があった事件において」、その非行事実の認定に資するため必要な限度で、その権限を行使する。したがって、複数の事件がある場合であっても、関与決定のない事件（併合罪関係にある事件や科刑上一罪にある事件も含む。）に関しては、証人尋問等の審判の手続には関与しない。しかし、例えば、殺人事件と、殺人後の死体遺棄事件が併合審判されており、殺人事件について検察官関与決定がなされているような場合は（死体遺棄罪については、前記アで述べた②の罪に当たらないので、検察官関与決定をすることができない。）、通常死体遺棄の事実は殺人と密接に関連する重要な事実であると思われ、殺人との関係で当然解明すべき事実に含まれることから、それが別罪を構成しかつ関与決定がない事件であるとの理由で、直ちに死体遺棄事件についての尋問等ができなくなるものではない。

オ　検察官関与決定があった件数は、これまで、少ない年で年9件、多い年で年46件であった。実務の運用を見る限りおおむね平成12年の改正法の趣旨に沿った運用がされているとの研究結果も公表されているところ、現行法の運用として、真に検察官関与が必要な事件に限って決定がなされているとの評価も可能ではないかと思われる。

カ　なお、捜査機関においては、家庭裁判所に送致するに際し、少年事件の捜査に関して、少年の情操保護、早期処理、教育的効果等に配慮しながら、限られた時間の中で可能な限りの捜査を遂

げ、家庭裁判所に事件を送致しているところであるが、送致後に
至ってなお捜査を尽くす必要が生じたような場合には、家庭裁判
所からの依頼により、又は捜査機関の判断において、所要の補充
捜査を行うことができる（最決平2・10・24刑集44・7・639）。
この点は、平成12年の改正後も変わりがなく、検察官が関与する
事件についても、同様であると考えられる。

　家庭裁判所が、検察官に証拠の収集を依頼するか、直接証人を
取り調べるかは、ケース・バイ・ケースであるが、事案によって
は、検察官が裁判所において直接証人を取り調べるよう申し出る
のが適当である場合も考えられるし（規則30条の7）、裏付捜査
を広範囲に実施する必要がある場合などは、家庭裁判所が検察官
に補充捜査を依頼することが適当な場合もあろう。捜査機関にお
いて参考人を取り調べ、供述調書を作成した場合には、従前どお
り、検察官から家庭裁判所に送付することとなる。

　この点に関し、少年が非行事実の存在を争っている保護事件に
おいて、家庭裁判所がその争点について法16条に基づき捜査機関
に援助協力を依頼して回答を得ながら、その回答の存在を付添人
に了知させなかった措置は、妥当性を欠いたものであるが、具体
的な状況等に照らし、いまだ裁量の範囲を逸脱した違法なものと
いうことはできないとした最高裁判例がある（最決平10・4・21
刑集52・3・209）。また、この趣旨を踏まえ、平成13年の規則改
正により、家庭裁判所は、審判開始決定をした後、当該決定をし
た事件について、検察官等から書類、証拠物その他参考となる資
料の送付を受けたときは、速やかにその旨を付添人に通知しなけ
ればならないとされた（規則29条の5）。同様に、検察官関与決
定をした事件について、少年、保護者又は付添人から書類、証拠
物その他参考となる資料の送付を受けたときも、家庭裁判所は、

速やかにその旨を検察官に通知しなければならない（規則30条の
9第1項）。

## 2　審判の方式

(1)　審判は、通常、家庭裁判所の審判廷で行うが、裁判所外におい
ても行うことができる（規則27条）。

(2)　審判は、非公開で行う（法22条2項）。ただし、前述（第6の
1）の関与者のほか、審判の席には、少年の親族、教員その他相
当と認める者に在席を許すことができる（規則29条）。

　　さらに、家庭裁判所は、少年の年齢及び心身の状態、事件の性
質、審判の状況その他の事情を考慮して少年の健全な育成を妨げ
ることなく相当と認めるときは、一定の重大事件の被害者等に少
年審判の傍聴を許すことができる（法22条の4。詳しくは第3章
第11の3を参照）。

(3)　審判の指揮は、裁判長が行う（法22条3項、規則31条）。法22
条3項は、裁定合議制度が少年審判手続に導入されることに伴っ
て、審判の指揮は裁判長が行うことを定めるものであり、刑訴法
294条と同趣旨の規定である。

(4)　審判は、懇切を旨として、和やかに行うとともに、非行のある
少年に対し自己の非行について内省を促すものとしなければなら
ない（法22条1項）。平成12年の法改正前の法22条1項は、「審判
は、懇切を旨として、なごやかに、これを行わなければならな
い。」と定めていたが、この規定の下においても、少年に対し
て、真しな反省を促す必要があるときは毅然とした態度で臨むこ
とは当然のことと考えられていた。しかし、条文の文言上、この
ような趣旨は必ずしも明らかではなく、「なごやか」という文言
から、かえって少年を甘やかすものという印象を受ける向きが

あった。そこで、平成12年の法改正においては、審判が懇切、和やかに行われるとともに、審判を通じて、非行のある少年に対し、内省を促すことができるものとしなければならない旨を明示することとされたものである。内省を促すための審判の在り方としては、例えば、その非行が被害者に与えた被害の内容や重大さ等について、質問し、説示し、少年に十分な反省が見られないような場合には、毅然としてその点を指摘するなどの方策が考えられる。

(5) 少年審判は、少年の健全育成を目的としており、厳格な手続的規制に服させることはかえってその目的に沿わないことがあるので、柔軟で非形式的な手続をとることができることとし、裁判官に広範な裁量権を認めている。少年法を見ても、審判の進め方に関する規定は、ほとんど置かれていない。

　他方で、保護処分といえども、少年の自由を多かれ少なかれ制約する側面を持つものであり、少年審判手続に適正手続の保障の考え方が全く及ばないわけではない。最高裁判所も、「少年保護事件における非行事実の認定に当たっては、少年の人権に対する手続上の配慮を欠かせないのであって、非行事実の認定に関する証拠調べの範囲、限度、方法の決定も、家庭裁判所の完全な自由裁量に属するものではなく、少年法及び少年審判規則は、これを家庭裁判所の合理的な裁量に委ねた趣旨と解すべきである。」としている（最決昭58・10・26刑集37・8・1260）。この点、平成13年の規則改正により、審判期日における非行事実等の告知と弁解録取（規則29条の2）、証拠調べの申出（規則29条の3）、追送書類等に関する通知（規則29条の5）が規定されたところであるが、少年審判をミニ刑事訴訟のように考えるのは適当ではなく、飽くまで、少年の早期保護の要請や審判手続自体の教育的効果を

損なわないよう、手続の進め方に留意する必要があろう。

# ◆第7　審判の手続

　審判の手続は、法や規則に設けられた規定等によると、おおむね以下のようになると考えられる（なお、検察官関与決定があった場合を想定する。また、証拠調べの要否やその内容については、証拠関係や少年の弁解状況等によることになる。）。

## 1　審判の準備

　家庭裁判所は、適当と認めるときは、検察官及び弁護士である付添人を出頭させた上、検察官関与決定をした事件の非行事実を認定するための審判の進行に関し必要な事項について打合せを行うことができる（規則30条の4第1項）。家庭裁判所には、検察官から一件記録が送付されているので（規則8条2項）、裁判官は、事件の内容や証拠関係を十分把握した上で、打合せをすることができる。

　また、検察官や弁護士である付添人も、可能な限り、記録、証拠物の閲覧等（規則30条の5、7条2項）や、その検討を終わらせておくことが求められる。通常この打合せの際に、後述する証人尋問等の証拠調べの申出をすることになると思われ（規則30条の7、29条の3）、また、証人や少年本人への尋問の順序や時間等について打合せをすることとなる。

　この手続に少年や保護者が出頭することは予定されていない。

## 2　審判手続の進行

　審判期日には、少年及び保護者を呼び出し（規則25条2項）、裁判官、検察官、付添人等が出席する。

　裁判長は、第1回の審判期日の冒頭において、人定質問をした後、少年に対し、供述を強いられることはないことを分かりやすく説明した上、審判に付すべき事由の要旨を告げ、これについて陳述する機会を与えなければならない（規則29条の2前段）。この場合において、少年に付添人があるときは、当該付添人に対し、審判に付すべき事由について陳述する機会を与えなければならない（同条後段）。

　審判に付すべき事由の要旨の告知は、一般には送致書記載の非行事実を朗読することが多いが、少年や保護者に分かりやすいように適当な言葉を補うなどすることが行われている。また、少年及び付添人の陳述は、刑訴法291条4項の罪状認否に相当するものであり、審判に付すべき事由に関する認否及び法律上の主張が陳述の対象となる。

　裁判官は、あらかじめ法律記録を十分に検討して審判に臨んでいるのであるが、少年が非行事実を認め、証拠等に関して特段の反論がなく、非行事実の存在についての心証が得られた場合には、要保護性の審理に入ることとなり、実際はこのような場合が多いと思われる（このような場合、非行事実の審理及び要保護性に関する審理は必ずしも明確には区別されていない。）。他方、少年が非行事実の存在を否認するような場合には、例えば、非行事実の成否の判断に関わる重要な証人を取り調べることなどを検討することとなろう。

## 3　証拠調べの申出

　少年、保護者、付添人及び検察官は、家庭裁判所に対し、証人尋問、鑑定、検証その他の証拠調べの申出をすることができる（規則29条の3、30条の7）。なお、検察官は、「非行事実の認定に資するため必要な限度」で証拠調べの申出をすることができるのに対し、付添人等は、非行事実の認定に資するため必要な限度に限られず、要保護性に関する証拠調べの申出をすることができる。職権主義的審問構造を

とる少年保護手続においては、職権証拠調べの範囲等は、家庭裁判所の合理的裁量に委ねられており、証拠調べの申出は、家庭裁判所の職権発動を促すものにすぎない。

　検察官は、立証責任を負わないので、刑事訴訟のように冒頭陳述を行うことは想定されていない。

## 4　証人尋問等

⑴　家庭裁判所が証人尋問等を行う場合（法14条）、少年、弁護士である付添人には尋問権が認められるが（同条 2 項、刑訴法157条 3 項、171条、178条）、一般的には、まずは裁判官が主要な点を尋問した後、補完的に尋問させることとなる。

　　また、検察官は、裁判長に告げて、証人等を尋問することができる（規則30条の 8 第 1 項、法14条 2 項、刑訴法157条、171条、178条）が、このような事件においても、同様であり、刑事訴訟のように証人申請した方が主尋問を行う交互尋問が原則となるわけではなく、裁判官が先に尋問をすることが原則となると思われる。ただし、家庭裁判所がそれまでに全く把握していない事情に関する証人等については、検察官又は弁護士である付添人が先に尋問することが適当な場合もあろう。

　　刑訴法上の異議申立ての規定は適用又は準用されないが、不当な尋問や証言に対して、裁判長が制限できるのは当然であり、規則上も、裁判長は、適正な審判をするため必要があると認めるときは、発言を制止し、又は少年以外の者を退席させる等相当の措置をとることができる（規則31条 1 項）。

⑵　職権主義的審問構造をとる少年審判手続においては、家庭裁判所から少年本人に対して発問できることは当然であるが、付添人及び検察官は、裁判長に告げて、少年に発問することができる

（規則29条の4、30条の8第2項）。発問の順序は、家庭裁判所の合理的な裁量に委ねられているが、一般的には、裁判官が主要な点について質問し、その後、付添人等が質問することとなろう。

(3)　証拠法則

　刑事手続については、証拠能力や証明力の制限等の厳格な証拠法則が定められているが、少年審判手続に関しては、このような証拠法則に関しての規定は置かれていない。

　しかしながら、任意性に疑いのある自白については証拠能力が否定され、また、少なくとも犯罪少年については、自白を唯一の証拠として犯罪事実を認定することはできず、補強証拠を要するものとされている。そして、刑事訴訟においては違法収集証拠排除法則が判例法理として認められているところ（最判昭和53年9月7日刑集32・6・1672）、少年審判手続においても、基本的には同様に妥当するものと解されるが、なお具体的な事案において、少年の保護と教育等の観点も総合して検討すべき問題と考えられる。

　他方で、伝聞法則については、職権主義的審問構造をとる少年審判手続において、裁判官は、一件記録を精査し、蓋然的心証を抱いて審判に臨むことが予定されており、伝聞法則の適用はないと解される。もっとも、適正手続の趣旨から、非行事実の存否の認定のための重要な供述証拠については、原供述者に対する反対尋問権を行使する機会を与えているのが実務の運用であると思われる。

　なお、審判の結果、送致事実と異なる非行事実を認定しようとする場合は、適正手続の要請等から、改めて、認定しようとする事実を少年に告げ、この事実に関する少年の言い分を聴取し、必要に応じて反論・反証の機会を与えて審理を尽くす必要がある場

合がある（この点に関する近時の裁判例として、東京高決平成25
年 1 月25日家月65・ 6 ・121）。

## 5　意見陳述

　検察官は、検察官関与決定があった事件の非行事実の認定に資する
ため必要な限度で、審判の席において、裁判長の許可を得て、意見を
述べることができ（規則30条の10）、通常は、事実認定に関する証拠
調べが終了した段階で、証拠からどのような事実が認定されると考え
られるかについて意見を述べることになると考えられる。もっとも、
刑事訴訟手続における求刑のように、検察官が少年の要保護性に関す
る意見を述べることは予定されていないが、証拠調べの結果、送致の
時に付した意見（規則 8 条 3 項参照）を変更する必要がある場合に
は、その旨を付け加えることは許されるであろう。

　他方、付添人等についても、同様に意見を述べることができる（規
則30条）。

## 6　要保護性に関する審理

　非行事実に関する審理が終了した時点において、仮に非行事実なし
と判断される場合には、その段階で家庭裁判所は不処分決定を行うこ
とになる。

　しかし、非行事実の存在について心証が得られた場合には、引き続
き要保護性について審理を行うことになる。

　要保護性に関しては、少年調査記録（社会記録）に綴られた家庭裁
判所調査官の報告書（少年調査票）及び少年鑑別所の心身鑑別の結果
（鑑別結果通知書）が重要な資料となる（第 3 章第 4 参照）。裁判官は
これらの資料を十分に検討した上で審理に臨み、少年等とのやりとり
を通じて、要保護性の有無、程度の判断に必要な事項を把握するのみ

ならず、少年を立ち直らせるために自己の持つ問題点を自覚させ、内省を深めさせ、あるいは保護者に対する働きかけを行うこととなる。

　なお、検察官関与決定があった事件での検察官については、要保護性のみに関する審理に関与することは、その必要性もないし、予定もされていないので、必要があれば、家庭裁判所は、以後要保護性に関し審理を行う旨を告げ、検察官は退席することになる。

　要保護性の審理が終了すると、家庭裁判所は、家庭裁判所調査官や、弁護士である付添人が出席している場合は、その処遇意見を聴取し、最後に少年の陳述を聴取して、少年に対し、終局決定を告知する。

## 7　終局決定の告知

　家庭裁判所は、最終段階として、事件自体について判断し、最終的な少年の処分を決定する終局決定（その具体的な種類については、第3章第9を参照。）を行わなければならない。少年に対する処遇の選択についての統一的な基準はないが、処遇選択は、要保護性の程度に即応することを基本として、非行事実の軽重、社会防衛的配慮など複合的な要素を加味した総合的判断であるなどと説明されている。

　なお、検察官や付添人は、終局決定の告知に立ち会うことが可能である。家庭裁判所は、当該事件を終局させる決定の告知を行う審判期日を検察官に通知しなければならない（規則30条の6第2項）。付添人に対しても同様である（規則28条5項）。

# ◆第8　中間的措置─試験観察

　家庭裁判所は、保護処分を決定するため必要があるときは、少年を相当の期間家庭裁判所調査官の観察に付することができる（法25

条)。これを実務上試験観察と呼んでいる。試験観察は、保護処分の要否等を決定するための中間的処分であり、終局処分ではない。試験観察には、在宅のまま調査官が観察を行う場合と適当な施設、団体、個人等に補導を委託して行う場合とがある。

## ◆第9　終局決定

### 1　審判不開始決定

　調査の結果、審判に付することができず(例えば、審判条件を欠く場合、非行事実の存在について蓋然性が認められない場合のほか少年が所在不明である場合等を含む。)、又は審判に付するのが相当でない(非行事実等は認められるが、保護処分に付する必要がなく、審判の必要もない)場合には、審判不開始の決定をしなければならない(法19条1項)。

### 2　児福法上の措置

　調査又は審判の結果、児福法上の措置を適当と認めるときは、決定で、都道府県知事又は児童相談所長に送致しなければならない(法18条、23条1項)。

　児福法上の「児童」は、18歳に満たない者である(同法4条)ことから、同法上の措置を適当として都道府県知事又は児童相談所長への送致が可能であるのも、18歳に満たない少年に限られる。

　「児童福祉法上の措置」には、児童福祉司等委託、里親、保護受託者委託、児童自立支援施設等入所等の措置が含まれる。

　なお、この決定に対して抗告又は抗告受理申立てをすることはできない(法32条、32条の4)。

## 3 検察官送致決定

検察官送致決定には、刑事処分を相当とするものと、年齢超過を理由とするものの二種類がある。後者については、調査又は審判の結果、本人が20歳以上であることが判明したときは、審判条件を欠くわけであるが、審判不開始又は不処分の決定を行うのでなく、事件を管轄地方裁判所に対応する検察庁の検察官に送致しなければならない（法19条2項、23条3項）。20歳に達する直前に家庭裁判所に送致される場合には、家庭裁判所で調査中に20歳に達することもあるが、同様に処理される。

前者の刑事処分を相当とする場合については、後記6で詳述する。

## 4 不処分決定

審判の結果、保護処分に付することができず、又は保護処分に付する必要がないと認めたときは、不処分決定をしなければならない（法23条2項）。

「保護処分に付することができ」ないとは、審判の結果、非行事実を認めることができない場合のほか、審判条件を欠くことが判明した場合や少年が所在不明である場合等が考えられる。

「保護処分に付する必要がない」とは、審判の結果、非行事実は認められるが、保護処分に付すまでの要保護性が認められないことをいう。ただ、刑事処分相当の場合には逆送決定が、児福法上の措置が適当な場合には都道府県知事又は児童相談所長への送致決定がなされるので、同項の「保護処分に付する必要がない」場合から除かれることとなる。具体的には、①保護的措置済み（調査・審判の過程で保護的措置が講じられ、要保護性が解消し、再犯のおそれがなくなった場合）、②別件保護中（少年に対して、既に別件で何らかの保護的措置

が講じられている場合)、③事案軽微の三つの類型があるとされる。

## 5　保護処分決定（18歳未満の少年に対するもの）

### (1)　保護処分の決定と種類

　　保護処分の決定は、審判を開始した事件についてのみ行うことができ、非行事実の存在が認定でき、かつ、要保護性が認められることが必要である。

　　保護処分には、①保護観察所の保護観察に付すること、②児童自立支援施設又は児童養護施設に送致すること、③少年院に送致することの 3 種類がある（法24条 1 項）。保護観察については更生保護法に、児童自立支援施設又は児童養護施設については児福法に、少年院については少年院法にそれぞれ規定されている。

　　保護処分の決定後に、保護処分の種類を変更することはできない。

　　家庭裁判所は、保護観察又は少年院送致の保護処分を行うときは、保護観察所の長をして、家庭その他の環境調整に関する措置を行わせることができる（法24条 2 項）。

### (2)　保護観察

　ア　保護観察は、少年を施設に収容することなく、保護観察所（保護観察官又は保護司）の行う指導監督及び補導援護という社会内処遇により、その改善更生を図ろうとする処分であり、その期間は本人が20歳に達するまでであるが、決定のときから20歳に達するまで 2 年に満たない場合は 2 年である（更生保護法66条 1 項）。保護観察中の成績が良好で保護観察を継続する必要がなくなったと認められるときは、保護観察を解除する（同法69条）ほか、その改善更生に資すると認めるときは、期間を定めて、保護観察を一時的に解除することができる（同法70条）。

イ　保護観察は、保護観察対象者の改善更生を行うことを目的とし
て指導監督等を行うことにより実施するものとされ（同法49条1
項）、この指導監督は、保護観察官及び保護司が少年と面接その
他の適当な方法により適当に接触を保ち、常にその行状を見守
り、遵守事項を遵守させるため、必要かつ適切と認められる指示
を与えることにより行うものとされている（同法57条参照）。こ
の点、平成19年の法改正前においては、実際には、保護観察官や
保護司による再三の指示に反して遵守事項の不遵守を繰り返し、
あるいは、保護観察官等が接触することすらできない状態を惹起
するなど、社会内処遇としての保護観察が実質的に機能し得なく
なっている事例も少なくなく、また、従前は、このような状況に
有効に対処できる法的枠組みは十分とはいえなかった。そこで、
こうした状況を踏まえ、平成19年の法改正においては、遵守事項
を遵守しない少年に対し、保護観察所の長が警告を発することが
できることとし（同法67条1項）、それにもかかわらず、なお遵
守事項を遵守しなかった場合には、このような保護観察中の新た
な事由の発生という事態をとらえて、保護観察所の長の申請（同
条2項）により、家庭裁判所において、遵守事項の重大な違反が
あり、その程度が重く、当該保護観察の継続によっては本人の改
善更生を図ることができない場合に、保護観察以外の保護処分で
ある児童自立支援施設等送致又は少年院送致の決定をすることが
できるものとされた（法26条の4第1項）。これにより、保護観
察に付されている者に対して、遵守事項を遵守することの意味を
自覚させ、遵守事項を守ろうという意欲を喚起し、保護観察の中
でその者の改善更生を図ることにつながると考えられる。

　この平成19年の法改正については、保護観察中の者が、重い遵
守事項違反により少年院送致等の処分を受けることについては、

保護観察に付された事由につき二重に処分するものではないかとの疑問を呈する向きがあった。しかしながら、本制度は、保護観察中の新たな事由の発生という事態をとらえて、新たな決定をするというものであって、当初の保護観察決定の対象となった事由と同一の事由について、重ねて保護観察処分決定をするものではないし、慎重な手続を踏んだ上、真に必要な場合に、少年院等への送致に付す余地を認めることにしたものにすぎないから、少年の地位の安定性という観点からして何ら問題はないと解される。

ウ　保護観察を受けている者の中には20歳を超えている者もいるところ（更生保護法66条1項）、これらの者について、少年院送致の保護処分の決定をするときには、収容期間を定めなければならないこと（法26条の4第2項）、保護観察中の者に対する措置を行うための手続については、少年の保護事件と基本的に同様とすること（同条3項）とされている。

(3)　児童自立支援施設等送致

児童自立支援施設及び児童養護施設は、いずれも児福法上の要保護児童を収容するための開放施設であるが、法24条1項2号の決定を受けた少年については、これを保護処分の執行施設として利用することとなる。その解除、停止又は変更は、都道府県の権限とされる（児福法27条5項、27条の2）。これらの処分を行い得る対象は、処分時18歳未満の少年であるが、実際には、義務教育年齢の少年がほとんどであると言われている。なお、児童の行動の自由を制限し又はその自由を奪うような強制的措置を必要とするときは、知事又は児童相談所長は、事件を家庭裁判所に送致し、その許可を求めることができる（児福法27条の3、法6条の7第2項）。

(4)　少年院送致

少年院は、家庭裁判所から保護処分として送致された者等を収容

し、これに矯正教育その他の必要な処遇を行う施設である（少年院法3条）。

　少年院に送致できるのは、おおむね12歳以上の者に限られている（同法4条）。平成19年の法改正前は、家庭裁判所において、少年院に送致できるのは、14歳以上の者に限られていたが、14歳未満の少年であっても、非行性の進んだ少年や深刻な問題を抱える少年については、開放処遇を原則とする児福法上の施設では対応が困難であり、早期に矯正教育を授けることがその健全な育成を図る上で必要かつ相当と認められる場合があると考えられる。そこで、平成19年の法改正により、少年院の収容年齢の下限を年齢によって一律に区別するのではなく、個々の少年が抱える問題に即して最も適切な処遇を選択できる仕組みとするために、おおむね12歳以上14歳未満の少年については、「特に必要と認める場合に限り」、少年院に収容できることとされた（法24条1項ただし書）。

　少年院への収容期間は、原則として少年が20歳に達するまでであるが、決定時に少年が19歳を超えている場合には、送致のときから1年である（少年院法137条1項）。ただし、地方更生保護委員会の決定により仮退院を許すことができ（更生保護法41条）、この場合、保護観察に付される（同法42条において準用する同法40条）。

　なお、少年院在院者の心身に著しい故障があり、又は犯罪的傾向がまだ矯正されていないためその収容を継続することが相当である場合には、家庭裁判所の決定により、23歳まで収容を継続でき（少年院法138条）、さらに、限られた場合に、家庭裁判所の決定により、26歳まで収容を継続できる（同法139条）。

　少年院には、第一種少年院、第二種少年院、第三種少年院、第四種少年院及び第五種少年院の5種類があり（同法4条1項）、少年をどの種類の少年院に収容するかは、家庭裁判所が決定時に定める

（規則37条 1 項）。

　第一種少年院は、保護処分の執行を受ける者（第二種少年院及び第五種少年院に収容する者を除く。)を、第二種少年院は、保護処分の執行を受ける者であって、心身に著しい障害がない犯罪傾向が進んだおおむね16歳以上23歳未満のもの（第五種少年院に収容する者を除く。)を、第三種少年院は、保護処分の執行を受ける者であって、心身に著しい障害があるおおむね12歳以上23歳未満のもの（第五種少年院に収容する者を除く。)を、第四種少年院は、少年院において刑の執行を受ける者を、第五種少年院は、後述のように、法64条 1 項 2 号の保護観察処分に付された者が遵守事項に違反して法66条 1 項の少年院への収容決定を受けた者を収容する施設である（少年院法 4 条）。

## 6　保護処分決定（特定少年に対するもの）

### (1)　保護処分の決定と種類

　令和 3 年の法改正により、法64条に、特定少年に対する保護処分についての特例が設けられた。家庭裁判所の処分時に特定少年である少年に対しては、法24条 1 項は適用されず、法64条が適用される。

　法24条 1 項の保護処分は、一般に、少年の要保護性に応じて課すものであり、要保護性の程度が高い場合には、当該少年に対して、犯した罪の責任に対応するものよりも重い処分を課すことも制度上は可能であると解されている。

　もっとも、保護処分も対象者の権利・自由の制約という不利益を伴うものであることからすると、民法上の成年とされ、監護権の対象から外れる特定少年に対して、保護の必要性を理由に、犯した罪の責任に対応するものよりも重い処分を行うことについては、成年

年齢引下げに係る民法改正との整合性や責任主義の要請との関係で許容されるか、国家による過度の介入とならないかといった問題点があり、法制度としての許容性・相当性の点で慎重であるべきと考えられたことから、犯した罪の責任に照らして許容される限度を超えない範囲内でしなければならないとの趣旨で、特定少年に対する保護処分は「犯情の軽重を考慮して相当な限度を超えない範囲内において」しなければならないこととされた（法64条１項柱書）。

「犯情」とは、当該犯罪の性質、犯行の態様、犯行による被害等を、その「軽重」とは犯情の重さを意味し、犯した罪の責任の軽重を基礎付けるものである。

「限度を超えない」とは、限度を上回らないという趣旨であり、家庭裁判所は、犯した罪の責任に照らして許容される限度を上回らない範囲内で、対象者の要保護性に応じて処分を選択することになる。

また、特定少年の保護処分として、①６月の保護観察所の保護観察に付すること、②２年の保護観察所の保護観察に付すること、③少年院に送致することの３種類が規定された（法64条１項１号〜３号）。

刑罰が、保護処分よりも、一般的・類型的に不利益な処分であるとされていることからすると、刑事裁判であれば懲役又は禁錮の実刑を科すことが犯した罪の責任に照らして許容されるような事案では、家庭裁判所は、対象者の要保護性に応じ、少年院送致処分を選択することができ、執行猶予付きの懲役又は禁錮を科すことが許容されるような事案では、対象者の要保護性に応じ、２年の保護観察処分を選択することができると考えられるであろうし、他方で、執行猶予付きの懲役又は禁錮を科すことが通常想定されるような事案であっても、それにより直ちに少年院送致処分を選択できないこと

にはならないと考えられるであろう。

　従前の実務上も、一般的には、犯罪事実の軽重と処分との間の均衡を考慮して処分選択が行われてきたとされ、また、犯罪事実の軽重と要保護性は対応・相関していると指摘されているところであり、令和 3 年の法改正は、処分選択についての従来の運用を大きく変えることは意図したものではないとされている。

(2)　**保護観察**

　特定少年に対する保護観察も、18歳未満の少年に対する保護観察と同様に、保護観察所が、社会内において、保護観察対象者の改善更生を行うことを目的として指導監督等を行うことにより実施するものであり（更生保護法49条 1 項）、保護観察所の長が、保護観察を継続する必要がなくなったと認めるときは、保護観察を解除するものとされている（同法69条）。

ア　6 月の保護観察処分

　本保護観察処分には、後述する 2 年の保護観察処分と異なり、保護観察の遵守事項に違反した場合に少年院に収容する仕組みは設けられておらず、不利益性が小さい処分であることから、一般的に、犯罪が成立する以上は、これを選択することができると考えられる。

　犯した罪が比較的軽微であり、責任が比較的軽い事案においては、少年院に収容される可能性のある保護観察処分を課すことが犯した罪の責任に照らして許容されない場合があり得るところ、本保護観察処分は、そのような場合にも、必要に応じて保護処分を課すことができるよう、少年院に収容する仕組みのない保護観察処分とされたものである。

　本保護観察処分の期間が 6 月とされたのは、比較的軽微な罪を犯し、その問題性が比較的小さく、遵守事項に違反した場合に少

年院に収容する仕組みがなくても、改善更生を図ることができると認められる者に限って課すことになると想定され、短期間であっても処遇効果を上げることができると考えられたことによる。

罰金以下の刑に当たる罪の事件については、類型的に犯した罪の責任が比較的軽いものに限られ、遵守事項に違反した場合に少年院へ収容される可能性のある2年の保護観察処分や少年院送致処分の対象とすることは相当でないことから、本保護観察処分のみをすることができる（法64条1項ただし書）。

イ　2年の保護観察処分

本保護観察処分の期間が2年とされたのは、令和3年の法改正前も18歳以上の少年に対する保護観察の期間は2年とされており（更生保護法66条）、2年あれば改善更生を図るための処遇期間として十分であると考えられたこと、専ら保護観察対象者の改善更生を目的とし、かつ、基本的には社会内処遇を内容とする不利益性が比較的小さい処分であるため、期間を2年としても、類型的に、禁錮以上の刑に当たる罪を犯した者に対して、その責任に照らして許容される限度を超える処分を課すことにはならないと考えられたことによる。

本保護観察処分の遵守事項に違反した場合には、家庭裁判所の決定により、少年院に収容され得る（後述(4)）。

(3)　**少年院送致**

ア　特定少年に対する少年院送致も、18歳未満の少年に対する少年院送致と同様に、対象者を少年院に収容して、その犯罪的傾向を矯正し、健全な心身を培わせ、社会生活に適応するために必要な知識及び能力を習得させることを目的として、矯正教育を行うものである（少年院法23条1項）。

　　また、少年院に収容する期間が満了したときは対象者を出院さ
　せるが（少年院法140条）、当該期間が満了する前であっても、対
　象者の改善更生の度合いに応じて、地方更生保護委員会の決定に
　より、仮退院等を許すことができ（同法135条、更生保護法41条
　等）、この場合、保護観察に付される（同法42条）。

イ　家庭裁判所は、少年院送致の保護処分をするときは、少年院送
　致処分の決定と同時に、「少年院に収容する期間」を定めなけれ
　ばならない（法64条 3 項）。

　　「少年院に収容する期間」とは、対象者を少年院に収容するこ
　とができる期間の上限を意味し、その範囲内で、少年院における
　施設内処遇及び仮退院した場合の社会内処遇を行うこととなる。

　　犯罪的傾向が矯正されていないことを理由とする少年院への収
　容継続は23歳に達するまでとされており（少年院法138条 1 項）、
　少年院における矯正教育が23歳に至るまでの者に対して処遇の効
　果を有することは、広く承認されていると考えられることや、令
　和 3 年の法改正前の少年院における18歳及び19歳の者に対する処
　遇の実情を踏まえると、一般的に、 3 年あれば、仮退院後の社会
　内処遇も含めて、必要な処遇期間を確保できると考えられる一
　方、施設内処遇については、その期間の長さに単純に比例して処
　遇効果が上がり続けるというものでは必ずしもないと指摘されて
　いることから、家庭裁判所が、少年院に収容する期間として定め
　ることができる期間の上限は 3 年とされた。

ウ　家庭裁判所は、「犯情の軽重」を考慮して少年院に収容する期
　間を定めなければならない（法64条 3 項）。

　　少年院に収容する期間を定めるに当たっては、「犯情の軽重」
　が中心的な考慮要素であり、対象者の要保護性の程度や今後の変
　化の見込み等の処遇の必要性に関わる事情は、当該期間の決定段

階では基本的に考慮しないという趣旨である。

　これは、家庭裁判所は、処遇の必要性に関わる事情を基本的に考慮せず、犯した罪の責任に照らして許容される限度を上回らない範囲内で、できるだけ長く、少年院に収容する期間を設定することとした上で、処遇機関において、家庭裁判所の定めた期間の範囲内で、対象者の状況等に応じて、必要な期間の施設内処遇を行うこととする方が、より適切かつ柔軟な処遇を行うことが可能となり、対象者の改善更生につながると考えられたこと、そのような仕組みは、保護処分について、家庭裁判所は、少年院に送致するか、保護観察に付すかという処分選択を行い、処遇機関は、対象者の問題性を解消するために必要な期間の処遇を行うという、従前の運用の経験を活用することができ、円滑な制度運用にも資するものと考えられたことによるものである。

　家庭裁判所においては、収集された証拠に基づき、犯罪事実を認定した上で、犯した罪の責任に照らして許容される限度を上回らない範囲内で、できるだけ長く、少年院に収容する期間を設定することになるであろう。

⑷　**保護観察の遵守事項に違反した場合の少年院への収容**

　ア　前述した２年の保護観察処分においては、以下の①及び②の手続により、少年院に収容することができる（法64条２項）。

　　罪を犯した特定少年が、家庭裁判所により、保護観察における指導監督及び補導援護によってその改善更生を図ることが相当であると判断され、保護観察処分に付された場合であっても、その後、保護観察中に状況を悪化させ、保護観察官の指導に応じなくなって、重大な遵守事項違反に及ぶに至り、保護観察を継続するのみではその改善更生を図ることが困難な事態に陥ることも想定されるところ、そのような場合に、保護観察における指導監督及

び補導援護によってその改善更生を図ることができる状態に至る
まで、少年院において処遇を行うことができるようにする趣旨で
ある。

① 保護観察所の長の申請

　保護観察所の長は、当該保護観察対象者について、遵守事項
を遵守せず、その程度が重いと認めるときは、家庭裁判所に対
し、少年院収容決定を申請することができる（更生保護法68条
の２本文）。

　「遵守事項を遵守せず、その程度が重いと認めるとき」と
は、保護観察処分を継続することにより本人の改善更生を図る
ことができないことを示す徴表と認められる場合をいい、遵守
事項違反の態様や、指導監督の内容及びこれへの対応状況等に
基づいて総合的に判断される。

② 家庭裁判所の収容決定

　①の申請があった場合において、家庭裁判所は、審判の結
果、当該保護観察に付された者が遵守事項に違反したと認めら
れる事由があり、その程度が重く、かつ、少年院において処遇
を行わなければ本人の改善及び更生を図ることができないと認
めるときは、少年院に収容する旨の決定をしなければならない
（法66条１項本文）。

　ここでいう「程度が重（い）」かどうかは、遵守事項違反の
態様や、指導監督の内容及びこれへの対応状況等に基づいて総
合的に判断される。

　また、「少年院において処遇を行わなければ本人の改善及び
更生を図ることができない」とは、家庭裁判所の決定時におい
て、そのまま保護観察を継続することによっては保護観察対象
者の問題性を解消することができない状況にあることをいう。

　　この収容決定に係る事件の手続は、その性質に反しない限り、特定少年である少年の保護事件の手続の例による（同条２項）。

　　なお、少年院収容決定があったときは、少年院からの退院を許す決定（更生保護法47条の２）による釈放又は少年院に収容することができる期間の満了による出院（少年院法140条２号）までの間、保護観察及び保護観察の期間の進行は停止する（更生保護法68条の４）。

　　また、少年院に収容することができる回数に制限は付されていないため、遵守事項に違反して少年院に収容された者が退院し、保護観察が再開した場合であっても、保護観察対象者が再び遵守事項に違反し、保護観察を継続するのみでは改善更生を図ることが困難な事態に陥ったときは、再度少年院に収容することも可能で、犯した罪の責任に照らして許容される限度を超えて少年院に収容されることがないよう、既に少年院に収容した期間が通算して後述する法64条２項により定められた収容可能期間に達しているときは、少年院収容決定はできない（法66条ただし書）。同様の趣旨で、収容可能期間が満了している場合には、①の申請もできない（更生保護法68条の２ただし書）。

イ　家庭裁判所は、２年の保護観察処分をするときは、その決定と同時に、１年以下の範囲内において犯情の軽重を考慮して少年院に収容することができる期間を定めなければならない（法64条２項）。

　　「少年院に収容することができる期間」とは、保護観察の遵守事項違反があった場合に、保護観察対象者を少年院に収容することができる期間の上限を意味しており、保護観察の遵守事項に違反した場合に、犯した罪の責任に照らして許容される限度を超え

る収容が行われないことを制度的に担保するために、家庭裁判所
が、保護観察処分の決定と同時に、犯した罪の責任に照らして許
容される限度を超えない範囲内で、少年院に収容することができ
る期間をあらかじめ定めることとされている。

　この場合の少年院への収容は、施設内において保護観察対象者
の問題性を解消するのではなく、社会内処遇により改善更生を図
ることができる状態にすることを目的とするものであり、そのた
めに必要となる収容期間は、一般的に、比較的短期間で足りると
考えられることから、少年院に収容することができる期間の上限
は 1 年とされている。

### ⑸　未決勾留日数の参入

　未決勾留の日数は、その全部又は一部を、法64条 2 項の「少年院
に収容することができる期間」及び同条 3 項の「少年院に収容する
期間」に算入することができる（法64条 4 項）。

　法53条が「第17条第 1 項第 2 号の措置がとられた場合において
は、少年鑑別所に収容中の日数は、これを未決勾留の日数とみな
す。」と規定していることから、法64条 4 項の「未決勾留の日数」
には、観護措置のため少年鑑別所に収容中の日数も含まれる。

　法64条 4 項の規定は、保護処分は、少年の健全育成を目的として
保護・教育的な処遇を行うもので、本人の利益となる側面を有して
おり、捜査や裁判の適正な遂行のために身柄を確保する未決勾留等
とは性質が異なるものの、特定少年に対する保護処分は犯した罪の
責任に照らして許容される限度を超えない範囲内でするものであ
り、保護処分による少年院への収容が身体の拘束という不利益を伴
うことからすると、特定少年に対する保護処分の決定に至るまでの
手続に特に長期間を要し、その間未決勾留等の身体拘束が継続した
ような場合にまでその期間を少年院への収容期間におよそ算入でき

ないこととするのは、衡平の観点から適当でないと考えられたことから設けられた。

このような趣旨からすると、実際に未決勾留等の日数を算入することとなるのは、例えば、家庭裁判所による検察官送致決定及び検察官による公訴提起を経て刑事裁判となったものの、法55条の決定により家庭裁判所に移送された事件で、一連の手続の間、観護措置及び勾留による収容が長期にわたって継続したような場合などに限られると考えられよう。

なお、同様の趣旨から、前記ア①の申請に当たって、更生保護法68条の3に基づき、保護観察所の長が審理を開始する必要があると認めるときに対象者を留置した場合の留置の日数や、前記ア②の決定に当たって、法66条2項で準用する法17条1項2号に基づき、家庭裁判所が審判を行うため対象者を少年鑑別所に収容した場合の観護措置による収容日数についても、その全部又は一部を「少年院に収容することができる期間」に算入することができる（法66条3項）。

## 7　刑事処分相当による検察官送致決定（いわゆる逆送決定）

### (1)　検察官への送致

ア　家庭裁判所は、死刑、懲役又は禁錮に当たる罪の事件について、調査又は審判の結果、その罪質及び情状に照らして刑事処分を相当と認めるときは、事件を管轄地方裁判所に対応する検察庁の検察官に送致しなければならない（法20条、23条1項）。事件を家庭裁判所から検察官に送致する処分は、実務上「逆送」と称されている。

平成12年の法改正前においては、上記の要件に該当する場合であっても、処分時16歳未満の少年については逆送することが

できなかったが（改正前の法20条ただし書）、同改正によりこの制限は撤廃され、刑事責任年齢である14歳以上の少年については、逆送することができることとなった（なお、逆送は刑事処分を行うことを前提としているので、犯行時14歳未満の触法少年が審判中に14歳に達しても逆送できないことは当然である。）。これは、少年非行の動向に鑑み、この年齢層の少年であっても、罪を犯せば処罰されることがあることを明示することにより、社会生活における責任を自覚させ、その健全な育成を図る必要があると考えられたことから、刑事処分可能年齢の引下げがなされたものである。

　もっとも、条文上、検察官送致決定は、「調査の結果」行うこととされており（法8条参照）、その過程で、個々の事案における犯行の動機及び態様、犯行後の情況や少年の性格、心身の発達状況等の事情を家庭裁判所がきめ細かく検討し、刑事処分を相当と認める場合に逆送することとなるのであって、その際、年齢も重要な考慮要素となることから、年少少年については、一般的には、凶悪重大な殺人事件や強盗殺人事件などを中心に逆送の要否が検討されることになると考えられよう。

　「死刑、懲役又は禁錮に当たる罪の事件」に該当するか否かについては、家庭裁判所の事実認定を前提として判断される。その心証の程度は、有罪の蓋然的な心証を要すると考えられている（東京高判昭61・5・30家月43・10・62）。なお、罰金以下の刑に当たる罪の事件と、禁錮以上の刑に当たる罪の事件とが併合罪の関係にある場合には、前者に当たる罪の事件を検察官に送致することはできないが、科刑上一罪の関係にある場合には、同時に送致できると解するのが通説である。

　「罪質及び情状に照らして刑事処分を相当と認めるとき」に

は、保護処分によっては矯正改善の見込みがない場合（保護不能）のほか、保護不能ではないが、事案の性質、社会感情、被害感情等から保護処分で対処するのが不相当な場合（保護不適）が含まれる。

逆送決定は、家庭裁判所の終局決定の一種ではあるが、刑事裁判に移行する中間的な処分であることから、少年は、これに対して抗告又は抗告受理申立てを申し立てることはできない（法32条、32条の4。抗告について東京高決昭48・8・4家月23・5・108）。特別抗告についても、同様に申立てをすることはできない（刑訴法433条。最決平17・8・23家月58・2・184）。もとより逆送後の公判において犯罪の成否等を争うことはできる。

なお、刑事処分相当として検察官送致決定されている事件の大半は道路交通法違反事件であり、逆送事件の多くは略式手続により罰金刑が科されている（例えば、令和2年において、法20条又は23条1項により家庭裁判所から検察官送致された人員のうち、公判請求されたものと略式命令されたものの合計数（起訴人員数）は1,577人であるところ、このうち、①略式命令請求されたものが1,385人（約88％）、②道路交通法違反が1,388人（約88％。なお、更にこのうち略式命令請求されたものが1,339人）となっている。）。

イ　他方で、特定少年については、罰金以下の刑に当たる罪の事件であっても、家庭裁判所が事案に応じて適切な処分を選択できるようにするため、検察官送致決定の対象とすることが望ましいことから、対象事件の限定はされていない（法62条1項）。

(2)　原則逆送制度

ア　家庭裁判所は、故意の犯罪行為により被害者を死亡させた罪

の事件であって、その罪を犯すとき16歳以上の少年に係るものについては、逆送決定をしなければならない（法20条2項本文）。ただし、調査の結果、犯行の動機及び態様、犯行後の情況、少年の性格、年齢、行状及び環境その他の事情を考慮し、刑事処分以外の措置を相当と認めるときは、この限りでない（同項ただし書）。

　平成12年の改正前の少年法は、原則的に保護処分優先主義をとり、例外的に刑事処分を相当と認めるときに検察官送致決定をすることとしていたのに対し、この規定は、一定の場合には逆送を原則としていることから、「原則逆送制度」と呼ばれている。

　この制度は、少年非行の情勢が悪化し、特に凶悪重大事件が増加傾向にあるところ、故意の犯罪行為によって人を死亡させる行為は、自己の犯罪を実現するため何ものにも代え難い人命を奪うという点で、特に反社会性、反倫理性の高い行為であり、このような重大な罪を犯した場合には、少年であっても刑事処分の対象となるという原則を明示することが、少年の規範意識を育て、健全な成長を図る上で重要なことであると考えられたことから設けられたものであり、その対象事件が原則として保護不適な場合に該当するとしたものであると考えられる。

　原則逆送の対象となるのは、犯行時16歳以上の少年（ただし、特定少年については後述イ参照。）の事件である。これは、年少少年の場合、重大な犯罪を犯したとしても、なお類型的に保護処分が適当と考えられる場合が多いことによる。

　「故意の犯罪行為により被害者を死亡させた罪」とは、故意による犯罪行為及びそれによる死の結果が犯罪構成要件となっている罪をいい、殺人（既遂）のように死の結果について故意

のある罪のほか、傷害致死、強盗致死、危険運転致死のように死の結果自体についての故意がないものも含むが、過失致死のように犯罪構成要件に故意の要素を含まないものや、殺人未遂のように死の結果が発生しなかったものは含まない（その主要なものとして、巻末の一覧表「故意の犯罪行為により被害者を死亡させた罪」参照）。これらの罪については、正犯だけでなく、教唆犯や幇助犯も、原則逆送の対象となると解される。

　また、原則逆送の要件に該当する場合であっても、「調査の結果、犯行の動機及び態様、犯行後の情況、少年の性格、年齢、行状及び環境その他の事情を考慮し、刑事処分以外の措置を相当と認めるときは、この限りでない。」と定められており（法20条2項ただし書）、個々の事件の性質や少年の特性等を考慮して、保護処分に付することもできることとしている。同項ただし書に「調査の結果」と記載され、同項本文にはその記載はないが、法8条は、検察官等から事件の送致を受けたときは調査しなければならない旨定めているところであるので、家庭裁判所は、同項本文に該当する事件であっても、法8条所定の調査を行うこととなる。

イ　特定少年については、「故意の犯罪行為により被害者を死亡させた罪の事件であって、その罪を犯すとき16歳以上の少年に係るもの」のほか、「死刑又は無期若しくは短期1年以上の懲役若しくは禁錮に当たる罪の事件であって、その罪を犯すとき特定少年に係るもの」も原則逆送の対象となる（法62条2項）。

　これは、民法の成年年齢の引下げ等により18歳及び19歳の者が責任ある主体として位置付けられるに至ったことを踏まえると、これらの者が重大な犯罪に及んだ場合には、18歳未満の者よりも広く刑事責任を負うべきものとすることが、その立場に

照らして適当であり、また、刑事司法に対する被害者を含む国民の理解・信頼の確保という観点からも必要であると考えられたことから、令和 3 年の法改正により、特定少年については、一定の重大犯罪に及んだ場合に刑事処分が適切になされることを制度的に担保するため、原則逆送の対象となる事件の範囲が拡大されたものである。

　拡大する具体的な範囲については、犯罪の類型的な重大性を表す法定刑や、これに該当する個々の犯罪の性質等に照らし、「死刑又は無期若しくは短期 1 年以上の懲役若しくは禁錮に当たる罪」の事件とされた。これにより特定少年については、例えば、現住建造物等放火罪（刑法108条）、強制性交等罪（同法177条）、強盗罪（同法236条）等の事件も、原則逆送の対象となる。

　また、原則逆送の要件に該当する場合であっても、「調査の結果、犯行の動機、態様及び結果、犯行後の情況、特定少年の性格、年齢、行状及び環境その他の事情を考慮し、刑事処分以外の措置を相当と認めるとき」を原則逆送の例外としている（法62条 2 項ただし書）。

　重大な事件についても、個別の事案に応じた最も適切な処分をするため、家庭裁判所の判断により保護処分等を選択できるようにしたものであり、法20条 2 項ただし書と同趣旨（前述ア参照）のものであるが、法62条 2 項ただし書には考慮事情として、法20条 2 項ただし書に掲げられた事情に加えて、「犯行の結果」が明記された。

　これは、特定少年に係る原則逆送の対象となる事件は、「故意の犯罪行為により被害者を死亡させた罪の事件」のほか、「死刑又は無期若しくは短期 1 年以上の懲役若しくは禁錮に当

たる罪の事件」が含まれ、それに伴って、原則逆送の対象とな
る事件における「犯行の結果」にも様々なものが含まれること
となることから、逆送決定をするか否かの判断に際して、「犯
行の結果」が重要な事情となり得ると考えられたことによる。

(3)　選挙犯罪等についての特例

　平成27年6月、第189回国会において、いわゆる議員立法とし
て提出された、選挙権年齢等の引下げを内容とする公職選挙法等
の一部を改正する法律（平成27年法律第43号。以下「公選法改正
法」といい、条項番号は令和3年の法改正前のものを指す。）が成
立し、その附則5条に、選挙犯罪等についての少年法の特例が設
けられた。その概要は、以下のとおりである。

　家庭裁判所は、当分の間、18歳以上20歳未満の者が犯した連座
制の対象となる選挙犯罪の事件について、その罪質が選挙の公正
の確保に重大な支障を及ぼすと認める場合には、法20条1項の刑
事処分相当による検察官送致決定（逆送決定）をしなければなら
ない（この場合においては、法20条2項ただし書の規定を準用す
る。）こととされた（公選法改正法附則5条1項、2項）。

　また、家庭裁判所は、当分の間、18歳以上20歳未満の者が犯し
た公職選挙法及び政治資金規正法に規定する罪の事件（連座制に
係る事件を除く。）について、法20条1項の規定により検察官への
送致を決定するに当たっては、選挙の公正の確保等を考慮して行
わなければならないこととされた（公選法改正法附則5条3項）。

　その後、これらの特例は、令和3年の法改正により、特定少年
について、引き続き、選挙の公正確保と少年の保護の均衡を図る
観点から、少年法に特例として移記された（法63条）。

# ◆第10　抗告及び抗告受理申立て

## 1　抗告

　保護処分の決定に対しては、決定に影響を及ぼす法令の違反、重大な事実の誤認又は処分の著しい不当を理由とするときに限り、少年、その法定代理人又は付添人から、2週間以内に抗告をすることができる。ただし、付添人は、選任者である保護者の明示した意思に反して、抗告をすることができず（法32条）、特定少年の保護事件においては、本人の明示した意思に反して、抗告をすることができない（法65条4項）。

　保護処分は、少年に対する教育的・福祉的措置としてなされるものであるが、一面において少年は、身体の拘束を受け（法24条1項2号、3号）、一定の監督下におかれる（同項1号）などの不利益を伴うものであるから、不服申立ての手続が設けられたものである。少年側からの抗告は、保護処分決定に対してのみ認められ、審判不開始決定（名古屋高決昭46・10・27家月24・6・66）、不処分決定（最決昭60・5・14刑集39・4・205）、検察官送致決定（東京高決昭45・8・4家月23・5・108）に対する抗告は認められていない。

## 2　抗告受理申立て

　検察官は、検察官関与決定がなされた事件について、保護処分に付さない決定又は保護処分の決定に、非行事実の認定に関し、決定に影響を及ぼす法令の違反又は重大な事実の誤認がある場合に限り、高等裁判所に対し、2週間以内に、抗告受理の申立てをすることができる（法32条の4）。

　前述（第1章第4の2）したように、犯罪少年の事件は、その中に、本来的に刑事事件としての性格と保護事件としての性格を有しているところ、少年法が保護優先主義をとっているとはいっても、犯罪事実の認定に関し、誤った事実認定がなされた場合には、少年本人に対する教育的効果がないのはもとより、被害者やその遺族を始めとする国民の納得は到底得られない。そこで、平成12年の法改正により、検察官による抗告受理の申立てを認め、重大な事実誤認等による誤った審判について上級審における見直しの機会を設けることとしたものである。

　検察官に抗告権そのものを認めるものではなく、高等裁判所において、その申立ての適否を判断し、相当と認める場合に抗告を受理することを決定することとするものであるから、高等裁判所が不相当と認めた場合には抗告審は係属しない。

　抗告受理申立てが可能なのは、検察官の審判関与決定がされた事件（法22条の2）の不処分決定又は保護処分決定である。また、抗告受理の理由は、「法令の違反」又は「事実の誤認」に限られ、「処分の不当」を理由とすることはできない。「決定に影響を及ぼす」法令の違反、あるいは「重大な」事実の誤認とは、仮にそのような違反や誤認がなかったら、最終的な結論が変わるような場合をいう。家裁に係属した複数の事件中、検察官関与決定のあった一部の事件について非行なしとされ、その余の事件で少年院送致となった場合、非行なしとの認定に事実誤認があっても、これを是正することにより、その余の事件と合わせた全体としての結論が少年院送致決定とは異なる場合、例えば、検察官送致等に変わるようなものでなければ抗告受理の申立てはできない。さらに、法令違反又は事実誤認は、「非行事実の認定に関」するものでなければならず、保護者の監督能力などの要保護性のみに関係する事実の誤認は抗告受理申立ての理由とはならない。

　抗告受理の申立ては、原決定から2週間以内に抗告受理の申立書を原裁判所に提出して行わなければならない（法32条の4第1項、2項。なお、上訴権回復請求が認められた裁判例として、仙台高決平16・9・9家月57・6・169がある。）。抗告受理の申立書には申立ての理由を具体的に記載しなければならない（規則46条の3第1項）。原裁判所は、申立書を速やかに高等裁判所に送付しなければならず（法32条の4第2項）、高等裁判所は、申立書の送付を受けた日から2週間以内に、抗告を受理するか否かを決定しなければならない（同条3項、5項、規則46条の3第7項）。抗告受理決定がなされたときは、抗告があったものとみなされる（法32条の4第6項）。

## 3　抗告審の手続及び審理

　抗告審は、原審の資料に基づき原裁判の当否を判断する事後審であるが、その性質に反しない限り、家庭裁判所の審判に関する規定を準用しており、抗告審における事実の取調べにおいても、検察官及び付添人の関与した審理が可能である（法32条の6、22条の2、22条の3）。

　抗告審における事実の取調べも、少年保護事件の抗告審としての性質を踏まえ、合理的な裁量により行われるべきものとされる（最決平17・3・30刑集59・2・79。なお、最決平20・7・11刑集62・7・1927も参照）。

　なお、抗告裁判所は、自判ができず、抗告を棄却するか、原決定を取り消して、事件を原裁判所に差し戻し、又は他の家庭裁判所に移送することとなる。

## 4　再抗告

　抗告裁判所の決定に対しては、憲法違反又は判例違反を理由として、少年、その法定代理人又は付添人から、最高裁判所に対し、2週

間以内に、再抗告をすることができる（法35条１項）。検察官は、再抗告をすることができない。

# ◆第11　被害者等に対する配慮

　平成12年の法改正に伴い、少年審判に関して、被害者等への配慮の充実に関する規定が新たに設けられ、被害者等による記録の閲覧及び謄写（法５条の２）、被害者等の申出による意見の聴取（法９条の２）、審判結果等の通知（法31条の２）の各制度が導入された。

　さらに、平成20年の法改正により、少年審判における被害者等の権利利益の一層の保護を図るため、被害者等による記録の閲覧及び謄写の範囲の拡大（法５条の２）、被害者等の申出による意見の聴取の対象者の拡大（法９条の２）、一定の重大事件の被害者等が少年審判を傍聴することができる制度の創設（法22条の４）、家庭裁判所が被害者等に対し審判の状況を説明する制度の創設（法22条の６）がなされ、被害者等への配慮の更なる充実が図られた。

## 1　被害者等による記録の閲覧及び謄写

(1)　少年保護事件の記録については、平成12年の法改正前においても、被害者等は、家庭裁判所の許可を受けた場合には、その閲覧及び謄写が認められていたが（規則７条１項）、平成12年の法改正により、審判係属中の場合も含めて被害者等による記録の閲覧及び謄写が法律に明定され、一定の要件の下に少年保護事件の記録の閲覧及び謄写が認められることとされ、さらに、平成20年の法改正により、閲覧・謄写の対象となる記録の範囲が拡大されるとともに、その要件も緩和された。

(2)　記録の閲覧・謄写の可否を判断するのは「裁判所」とされてい

るが、これは、家庭裁判所のみならず、抗告審における高等裁判所、再抗告審における最高裁判所をも含む趣旨であり、問題となる記録を保管する裁判所であることはいうまでもない。

　閲覧・謄写の申出をすることができる者は、犯罪少年又は触法少年に係る事件の「被害者等」（被害者又はその法定代理人若しくは被害者が死亡した場合若しくはその心身に重大な故障がある場合におけるその配偶者、直系の親族若しくは兄弟姉妹をいう。）若しくは被害者等から委託を受けた弁護士である（法5条の2第1項）。

　「被害者」とは、告訴権者を規定する刑訴法230条にいう「犯罪により害を被つた者」と同様、少年の犯罪又は触法行為により直接の害を被った者をいう。法人が被害者である場合には、その代表者に閲覧・謄写を認めることになる（規則7条の2第1号参照）。

　閲覧・謄写の対象となる記録は、平成12年の法改正においては、犯罪少年又は触法少年に係る保護事件の記録のうち、当該保護事件の非行事実に係る部分に限られていたが、被害者等からは、対象とされていない少年の身上・経歴等に関する記録についても閲覧・謄写の対象とすべきであるとの意見が示されており、このような被害者等の心情については、犯罪被害者等基本法の趣旨等に鑑みると十分尊重すべきものと考えられるところ、少年や関係者のプライバシーにも配慮し、平成20年の法改正により、閲覧・謄写の対象を、いわゆる社会記録、すなわち、「家庭裁判所が専ら当該少年の保護の必要性を判断するために収集したもの及び家庭裁判所調査官が家庭裁判所による当該少年の保護の必要性の判断に資するよう作成し又は収集したもの」を除いた保護事件の記録に拡大した。これにより、それまで閲覧・謄写の対象とさ

れていた記録に加え、少年の身上に関する供述調書や審判調書、少年の生活状況に関するその保護者の供述調書等についても、その対象となる。

(3)　閲覧・謄写の要件は、平成12年の法改正においては、①審判開始決定があったこと、②損害賠償請求権の行使のために必要があると認める場合その他正当な理由があること、③相当と認められることとされていたが、平成20年の法改正により、①の要件は維持しつつ、被害者等については、原則として記録の閲覧・謄写を認めることとした上、例外的に、閲覧・謄写を求める理由が正当でないと認める場合、又は少年の健全な育成に対する影響、事件の性質、調査又は審判の状況その他の事情を考慮して相当でないと認める場合に限り、閲覧・謄写を認めないこととされるとともに、正当な理由の例示とされていた「損害賠償請求権の行使のために必要があると認める場合」の文言が削除された。

「理由が正当でないと認める場合」の具体例としては、暴走族の対立抗争事件などにおいて、被害者等が加害者への報復等に必要な情報を得るために保護事件の記録の閲覧・謄写を求めていると認められる場合等が考えられる。

「相当でないと認める場合」とは、閲覧・謄写をさせた場合に、少年の健全な育成を妨げ、関係人の名誉や生活の平穏を害し、又は調査・審判に支障を生じさせるなどの不当な影響が生じるおそれがある場合をいう。

閲覧・謄写の申出は、

①　申出人の氏名、名称又は商号及び住所

②　閲覧又は謄写を求める記録を特定するに足りる事項

③　申出人が法5条の2第1項の申出をすることができる者であることの基礎となるべき事実

　④　閲覧又は謄写を求める理由

を明らかにしてしなければならない（規則7条の2）。

　なお、閲覧・謄写の申出は、審判開始決定がされていれば、審判中でも、終局決定後でも可能であるが、保護事件を終局させる決定が確定した後3年を経過したときは、することができない（法5条の2第2項）。

(4)　記録の閲覧又は謄写をした者に対しては、①正当な理由がないのに閲覧又は謄写により知り得た少年の氏名その他少年の身上に関する事項を漏らしてはならない旨の守秘義務を課すとともに、②閲覧又は謄写により知り得た事項をみだりに用いて、少年の健全な育成を妨げ、関係人の名誉若しくは生活の平穏を害し、又は調査若しくは審判に支障を生じさせる行為をしてはならない旨の注意義務を課している（法5条の2第3項）。

　法5条の2第3項は、保護事件の記録が少年を始めとする個人の私生活にわたる事項を含む場合が多いとともに、審判中の場合には、記録の信用性、証明力について吟味が行われている過程のものであるため、その閲覧・謄写によって知り得た事項が濫用された場合には少年の健全な育成を妨げたり、審判に支障を生じさせるなど弊害が大きいことから、記録の閲覧・謄写をした者に対して、特に少年の身上に関する事項について守秘義務を課すとともに、知り得た事項を濫用しないよう注意義務を課したものである。したがって、謄写した記録をマスコミに発表して公表するといった行為は許されない。

　法5条の2第3項に違反したことにより、そのこと自体で直ちに何らかの法的制裁が課されるものではないが、守秘義務に違反し、又は知り得た事項を用いて、これにより関係人に損害を与えた場合には、民法709条の不法行為が、当該関係人の名誉を毀損

した場合には、刑法230条の名誉毀損罪が成立する場合があり、また、再度の閲覧・謄写や法31条の２第１項の審判結果等の通知が認められない場合が多いであろう。さらに、弁護士がそのような行為を行った場合には、懲戒事由に該当し得るものと考えられる。

## 2　被害者等の申出による意見の聴取

(1)　被害者等が被害に関する心情その他の事件に関する意見を述べたいとの希望を持つことがあることから、平成12年の法改正により、そのような場合には、家庭裁判所又は家庭裁判所調査官において、その意見を聴取することとされている。これにより審判が被害者等の心情や意見をも踏まえた上でなされることがより明確となって、少年審判に対する被害者を始めとする国民の信頼を一層確保することに資することになり、また、少年に被害者等の心情や意見を認識させることも可能であり、この場合には、少年の反省を深め、その更生にも資することになると考えられる。

(2)　意見陳述の申出をなし得る者は、法５条の２第１項に規定される犯罪少年又は触法少年に係る事件の「被害者等」であり（法９条の２本文）、具体的には１(2)で述べたとおりである。被害者の心身に重大な故障がある場合におけるその配偶者、直系の親族又は兄弟姉妹は、平成12年の法改正においては、意見陳述の申出をなし得る者とはされていなかったが、被害者の心身に重大な故障があり、被害者本人が意見を陳述することが困難な場合も考えられる上、刑訴法における意見の陳述（同法292条の２）や少年法における被害者等の記録の閲覧・謄写の制度においては、被害者の心身に重大な故障がある場合におけるその配偶者、直系の親族又は兄弟姉妹もその対象とされていることから、平成20年の法改

正により、被害者の心身に重大な故障がある場合におけるその配
偶者、直系の親族又は兄弟姉妹についても、意見聴取の対象者と
された。

　法5条の2第1項に規定される「被害者等から委託を受けた弁
護士」については、法9条の2では、申出人とされていないが、
規則上、申出については、弁護士でなければ代理人となることが
できないこととされている（規則13条の2第2項）。また、法人
の意見陳述については、法人の代表者がその代表者としての心情
その他の意見を法人のために陳述することによりすることになる
と解される（同条1項1号参照）。

(3)　意見陳述の申出は、

①　申出人の氏名、名称又は商号及び住所

②　当該申出に係る事件を特定するに足りる事項

③　申出人が法9条の2本文の申出をすることができる者である
　　ことの基礎となるべき事実

を明らかにしてしなければならない（規則13条の2第1項）。

　意見陳述の申出がある場合には、この制度の趣旨に鑑みて、原
則としてその意見を聴取しなければならないが（法9条の2本
文）、例えば、被害者多数の事件で多数の者が意見陳述を希望し
たり、暴走族同士の抗争事件である場合など、意見陳述を認める
ことが相当でない場合もあり得るので、例外的に、事件の性質、
調査又は審判の状況その他の事情を考慮して、相当でないと認め
るときは、意見聴取をしないことができるものとされている（法
9条の2ただし書）。

　被害者等に陳述させる内容は、基本的には、被害感情や少年の
処分についての意見等の「被害に関する心情その他の事件に関す
る意見」であり、刑訴法292条の2の被害者等による意見の陳述

で被害者等に陳述させる内容とほぼ同じである。「被害に関する心情」とは、被害を受けたことで抱くに至った気持ちをいい、「事件に関する意見」とは、「被害に関する心情」を含む事件に関連する考え、所見をいい、意見聴取においては、このような被害に関する心情を中心とする意見を陳述させることを想定していることから、「被害に関する心情その他の事件に関する意見」と規定している。

　意見聴取の時期は、審判の状況等に鑑み、家庭裁判所が適宜な時期に行うことになるものと解する。

　意見聴取の方法としては、家庭裁判所は自ら意見を聴取し、又は家庭裁判所調査官に命じてこれを聴取させることとなる。その聴取の場所については、審判廷外で行われることもあるが、適当と認められるときは、少年等が在席する審判廷において行われることもあると考えられる。また、飽くまでも口頭による意見陳述が原則であるものの、被害者等が入院中のため家庭裁判所に赴くことができない等の理由により書面による意見の陳述を希望する場合などには、書面を提出し、家庭裁判所又は家庭裁判所調査官がこれを受領する形で意見を聴取することも、例外的な措置として可能であろう。

　家庭裁判所は、聴取した意見をしんしゃくするだけではなく、これを少年の処分を決めるための資料の一つとすることができる。

　被害者等による意見陳述は、被害に関する心情その他の事件に関する意見を述べるものであるが、その際、その陳述の内容が、事件に関する意見の前提となる事実にわたることも想定される。このような意見陳述は、法律的知識のない被害者等にとっては不可避的なこともあり、これを厳格に制限することは適当ではない場合が多いであろう。しかしながら、意見の前提となる事実が他

の資料に現れていない場合であって、例えば重要な非行事実に関するもので、保護処分の決定に重大な影響を及ぼすと思料される場合には、このような事実は、証人尋問等により認定されるのが相当であるから、被害者等による意見陳述を、このような事実を認定するための資料として使用することは適当ではないと解される。

## 3　被害者等による少年審判の傍聴

(1)　少年が被害者を死亡させたり、その生命に重大な危険を生じさせたような重大事件においては、被害者やその近親者から、審判におけるやり取りを自らその場で直接見聞きして、その具体的な状況について十分な情報を得たいとの強い要望が示されており、その心情は、犯罪被害者等基本法の趣旨等に鑑みると十分尊重すべきものと考えられることから、平成20年の法改正により、家庭裁判所は、少年の健全な育成を妨げるおそれがなく相当と認めるときは、殺人事件等一定の重大な事件の被害者等に、少年審判を傍聴することを許すことができることとされた。

(2)ア　傍聴の対象となる事件は、「個人の尊厳」の根幹をなす人の生命に害を被った場合やこれに準ずる場合に傍聴を認めることが、犯罪被害者等基本法の趣旨に合致するものと考えられること（同法3条1項参照）、少年法において、審判が非公開とされた趣旨からすると、殺人事件等の重大事件など、何ものにも代え難い家族の生命を奪われた場合のように、被害者側の事実を知りたいという審判傍聴の利益が特に大きい場合に限るのが適当であると考えられることから、被害者等による少年審判の傍聴については、殺人事件等の一定の重大な事案に限られている。すなわち、

①　犯罪少年に係る事件であって、(i)故意の犯罪行為により被

害者を死傷させた罪、(ⅱ)刑法211条（業務上過失致死傷等）の罪又は(ⅲ)自動車の運転により人を死傷させる行為等の処罰に関する法律４条、５条若しくは６条３項若しくは４項の罪のもの

② 触法少年（12歳に満たないで刑罰法令に触れる行為をした少年を除く。）に係る事件であって、上記の(ⅰ)、(ⅱ)又は(ⅲ)に掲げる罪に係る刑罰法令に触れるもの

が少年審判の傍聴の対象となる（ただし、いずれも被害者を傷害した場合にあっては、これにより生命に重大な危険を生じさせたときに限られる。）。

イ 「故意の犯罪行為により被害者を死傷させた罪」とは、故意による犯罪行為及びそれによる死傷の結果が構成要件となっている罪をいう。具体的には、殺人（既遂）のように死の結果について故意のある罪はもとより、傷害致死等のように、死の結果自体についての故意がないものも含むが、過失致死のように犯罪構成要件に故意の要素を含まないものや殺人未遂のように死の結果が発生しなかったものは含まない（その主要なものとして、巻末の一覧表「故意の犯罪行為により被害者を死傷させた罪」参照）。これらの罪については、正犯だけでなく、教唆犯や幇助犯も対象となると解する。

ウ 傍聴の対象は、被害者を傷害した場合にあっては、「これにより生命に重大な危険を生じさせたときに限る」こととされている。生命への重大な危険が、傷害により生じていることが必要であり、傷害とは別の要因により生命に重大な危険が生じたような場合は、傍聴の対象にはならない。「生命に重大な危険」とは、医療措置を施しても被害者が死に至るような、被害者が死亡に至る蓋然性が極めて高い状態をいい、例えば、自発

呼吸が停止するなどして人工呼吸器等を欠かせない状態となり、医療措置をやめれば直ちに死亡すると考えられる場合は、これに当たる。生命に重大な危険が生じた後、回復してそのような危険がなくなったような場合も、要件を満たす。

　なお、被害者の傷害の程度についても、家庭裁判所により認められる必要があるところ、捜査機関においては、かねてから、非行事実及び情状に関する重要な事情として、医師の診断書や供述調書、写真撮影報告書等の証拠収集に努めてきたものと考えられるが、今後はこのような要件が設けられたことも踏まえて、その傷害の程度の把握により一層留意した証拠収集が期待される。

エ　触法少年に係る事件も傍聴の対象とされている。これは、被害者等が受けた被害は少年の年齢によって変わるものではないことから、触法少年に係る事件の被害者等の心情も犯罪少年によって被害を受けた場合と同様に十分尊重されるべきものであり、また、触法少年については、検察官送致されて刑事裁判になる可能性がなく、被害者等にとっては少年審判がその事件の審理等を傍聴することができる唯一の機会となることからすると、その傍聴を認める必要性が大きいと考えられることによる。

　もっとも、特に低年齢の少年については、被害者等による傍聴を認めることによる影響が大きいと考えられることから、傍聴を認める下限が設けられており、中学校に入学する年齢を目安に、12歳に満たない少年に係る事件の傍聴は認められない。この年齢については、行為時を基準に判断される（法22条の4第1項）。

(3)　傍聴の申出をなし得る者は、上記傍聴の対象事件の「被害者

等」であり（法22条の4第1項）、その意義については、前述（1(2)）のとおりである。法5条の2第1項に規定される「被害者等から委託を受けた弁護士」については、法22条の4第1項では、申出人とされていないが、規則上、申出については、弁護士でなければ代理人となることができないこととされている（規則30条の11第2項）。

なお、傍聴の対象事件は、前述（(2)ア）のとおり、人の生命に害を被った場合やこれに準ずる場合に限られるので、法人は傍聴の申出をすることができないと解される。

傍聴を求める申出は、

① 申出人の氏名、名称又は商号及び住所

② 当該申出に係る事件を特定するに足りる事項

③ 申出人が法22条の4第1項の申出をすることができる者であることの基礎となるべき事実

を明らかにしてしなければならない（規則30条の11第1項）。

(4) 家庭裁判所は、審判の傍聴を許すには、あらかじめ、弁護士である付添人の意見を聴かなければならず（法22条の5第1項）、少年に弁護士である付添人がない場合には、少年及び保護者がこれを必要としない旨の意思を明示したときを除き（同条3項）、これを付さなければならない（同条2項）。

家庭裁判所は、被害者等による傍聴の許否を判断するに当たって、少年の年齢及び心身の状態、事件の性質、審判の状況その他の事情や弁護士である付添人の意見等を考慮して、少年の健全な育成を妨げるおそれがなく相当と認めるときに傍聴を許すことができる。傍聴の許否は、基本的には審判期日ごとにすべきものと解される。

(5) 裁判長は、傍聴する被害者等の座席の位置、職員の配置等を定

めるに当たっては、少年の心身に及ぼす影響に配慮しなければならない（法22条の 4 第 4 項）。

　家庭裁判所は、審判の傍聴を許す場合において、傍聴する者の年齢、心身の状態その他の事情を考慮し、その者が著しく不安又は緊張を覚えるおそれがあると認めるときは、その不安又は緊張を緩和するのに適当であり、かつ、審判を妨げ、又はこれに不当な影響を与えるおそれがないと認める者を、傍聴する者に付き添わせることができる（同条 3 項）。

　家庭裁判所は、一旦被害者等による審判の傍聴を認めることとした場合であっても、少年のプライバシーに深く関わる事項に立ち入って話してもらう必要がある場合等には規則31条 1 項の規定に基づき、あるいは、傍聴人が不規則発言をした場合等には裁判所法71条から73条までのいわゆる法廷警察権の規定に基づき、被害者等を退出させることが可能である。

(6)　審判を傍聴した者又はこの者に付き添った者に対し守秘義務及び注意義務が課されていることは法 5 条の 2 の被害者等による記録の閲覧・謄写の場合と同様である（法22条の 4 第 5 項）。

## 4　被害者等に対する説明

(1)　被害者等が少年審判の状況について十分な情報を得たいという心情は、犯罪被害者等基本法の趣旨等に鑑みると十分尊重すべきものと考えられるところ、審判を主宰する家庭裁判所において、被害者等からの申出がある場合に、適宜の時期にその審判の状況についての説明を行うことにより、被害者等の要望に対しより一層応えることができるものと考えられることから、平成20年の法改正により、家庭裁判所が、少年の健全な育成を妨げるおそれがなく相当と認めるときは、被害者等に審判期日における審判の状

況を説明することとされた。

(2)　説明の申出をなし得る者は、法5条の2第1項に規定される犯罪少年又は触法少年に係る事件の「被害者等」であり（法22条の6第1項）、その意義については、前述（1(2)）のとおりである。法5条の2第1項に規定される「被害者等から委託を受けた弁護士」については、法22条の6第1項では、申出人とされていないが、規則上、申出及び説明を受けることについては、弁護士でなければ代理人となることができないこととされている（規則30条の13第2項）。法人が被害者である場合には、法人の代表者に説明の申出をさせることになる（同条1項1号参照）。

　　説明を求める申出は、

①　申出人の氏名、名称又は商号及び住所

②　当該申出に係る事件を特定するに足りる事項

③　申出人が法22条の6第1項の申出をすることができる者であることの基礎となるべき事実

を明らかにしてしなければならない（規則30条の13第1項）。

　　家庭裁判所は、被害者等から申出がある場合において、少年の健全な育成を妨げるおそれがなく相当と認めるときは、その申出をした者に対し、審判期日における審判の状況を説明するものとしている（法22条の6第1項）。審判期日における「審判の状況」とは、審判期日において行われた審判の手続的な事項に加え、少年が否認しているかどうかといった少年の供述状況等の審判の内容に関わる事項もこれに含まれる。

　　説明は、「最高裁判所規則の定めるところにより」することとされており、規則30条の14において、家庭裁判所は、裁判所書記官又は家庭裁判所調査官に説明をさせることができることとされている。

説明の申出は、事件を終局させる決定が確定した後 3 年を経過したときは、することができないことや、通知を受けた者に対し守秘義務及び注意義務が課されていることは、法 5 条の 2 の被害者等による記録の閲覧・謄写の場合と同様である（法22条の 6 第 2 項、 3 項）。

## 5　審判結果等の通知

(1)　少年事件においては、その審判が刑事裁判とは異なり非公開とされていることなどから、被害者等が審判の結果について十分な情報を得ることができないという指摘がなされていた。そこで、少年法の目的である少年の健全育成の観点を踏まえつつも、事件の内容やその処分結果等を知りたいという被害者等の正当な要求に対して一定の配慮をすることが必要であると考えられることから、平成12年の法改正により、家庭裁判所が少年審判の結果等を通知する制度が導入された。

(2)　通知の申出をなし得る者は、法 5 条の 2 第 1 項に規定される犯罪少年又は触法少年に係る事件の「被害者等」であり（法31条の 2 第 1 項本文）、その意義については、前述（ 1 (2)）のとおりである。同項前段に規定される「被害者等から委託を受けた弁護士」については、法31条の 2 第 1 項では、申出人とされていないが、規則上、申出及び通知の受領については、弁護士でなければ代理人となることができないこととされている（規則42条の 2 第 2 項）。法人が被害者である場合には、法人の代表者に通知の申出をさせることになる（同条 1 項 1 号参照）。

通知を求める申出は、

①　申出人の氏名、名称又は商号及び住所

②　当該申出に係る事件を特定するに足りる事項

③ 申出人が法31条の２第１項本文の申出をすることができる
者であることの基礎となるべき事実

を明らかにしてしなければならない（規則42条の２第１項）。

　家庭裁判所は、事件を終局させる決定をした場合において、被
害者等から申出があるときは、その申出をした者に対し、

① 少年及びその法定代理人の氏名及び住居

② 決定の年月日、主文及び理由の要旨

を通知するものとしている。ただし、その通知をすることが少年
の健全な育成を妨げるおそれがあり相当でないと認められるもの
については、通知をしないこととしている（法31条の２第１項た
だし書）。

　通知の申出は、事件を終局させる決定が確定した後３年を経過
したときは、することができないことや、通知を受けた者に対し
守秘義務及び注意義務が課されていることは、法５条の２の被害
者等による記録の閲覧・謄写の場合と同様である（法31条の２第
２項、３項）。

## ◆第12　保護処分の取消し

　保護処分の継続中、本人に対し審判権がなかったこと、又は14歳に
満たない少年について、都道府県知事若しくは児童相談所長から送致
の手続がなかったにもかかわらず、保護処分をしたことを認め得る明
らかな資料を新たに発見したときは、保護処分をした家庭裁判所は、
決定をもって、その保護処分を取り消さなければならない（法27条の
２第１項）。

　「審判権がなかったこと」には、非行事実がなかったことも含ま
れ、非行事実の不存在を認め得る明らかな資料を新たに発見したとき

は保護処分を取り消さなければならない（最決昭58・9・5刑集37・7・901）。

　保護処分が終了した後においても、審判に付すべき事由の存在が認められないにもかかわらず保護処分をしたことを認め得る明らかな資料を新たに発見したときも同様に保護処分を取り消さなければならない（法27条の2第2項）。少年事件の手続は非公開で行われるものである上（法22条2項）、保護処分は、前科として各種法律による資格制限の残る刑罰とは異なり、法的には何の効力も残らないから、保護処分が終了した場合には、本人の名誉を回復する措置をとる必要性は低いと考えられるものの、本来教育的であるべき保護処分が誤っていたために本人の情操が傷ついているのを放置するのは適当でない。そこで、その保護、回復を図るため、平成12年の法改正により、保護処分の終了後においても保護処分の取消しが認められた。このような趣旨から、本人が死亡した場合は保護処分の取消しは認められない（法27条2項ただし書）。

　保護処分継続中又は終了後の保護処分の取消しは、終局決定の確定後に非行事実がなかったことを認め得る新規、明白な証拠を発見したときに、当該保護処分を取り消す手続であり、裁判所の職権によってこれを行うものであるが、少年等の申立てに対して裁判所がこれを認めない決定をした場合には、少年等は抗告することができることから（最決昭58・9・5刑集37・7・901）、事実上、刑事訴訟手続における再審に近い機能を有するものとなっている。

　保護処分取消しの事件の手続は、その性質に反しない限り、保護処分に係る事件の手続の例による（法27条の2第6項）。したがって、検察官の審判関与（法22条の2）、被害者等による少年審判の傍聴（法22条の4）、被害者等に対する説明（法22条の6）、抗告受理申立て（法32条の4）等の規定の適用がある。

# 第4章 逆送後の事件処理

## ◆第1 検察庁における事件処理

### 1 家庭裁判所からの逆送

前述（第3章第9の3、7）のように、家庭裁判所から検察官に事件が送致される場合としては、年齢超過の場合と犯罪少年について刑事処分が相当と認められた場合の二通りがある。

前者の場合は、もはや少年法の適用はなく、20歳以上の者の事件として処理されることになる。後者の場合も、原則として起訴されることになるから、刑事手続としての性格が非常に強くなるが、後述のように、検察官から家庭裁判所に再送致し、あるいは地方裁判所等から家庭裁判所に移送することもあるので、保護手続としての性格も全く失われているわけではない。

### 2 逆送後の身柄拘束の関係

家庭裁判所において法17条1項2号（少年鑑別所送致）の措置がとられているときは、逆送により、当該措置は、裁判官のした勾留とみなされる（法45条4号前段、45条の2）。この場合の勾留の期間は、検察官が送致を受けた日から起算して10日間となり、刑訴法208条、208条の2による延長、再延長も可能である。ただし、第一次の刑事手続において勾留状が発せられていたものであるときは、期間を延長することはできない（法45条4号後段）。

　上記の措置が逆送により勾留とみなされる場合、逆送決定には勾留場所の指定があるわけではないから、裁判官の同意を得て移監の手続によるべきであるとする裁判例もあったが（京都地判昭43・12・28下刑集10・12・1258）、実務上は、検察官が収監指揮書に観護措置決定書の謄本を付して、主としてその送致警察署等に身柄を少年鑑別所から移していた（昭32・3・25法曹会刑事法調査委員会決議・曹時9・4・162参照）。このような実務の運用に対して、最決平13・12・10判時1767・139は、少年の勾留場所が裁判官の関与なしに検察官の判断のみで決定されることは、通常の勾留の場合と比較して均衡を欠くものであり、早急な改善が図られるべきである旨の判示をした。このため、規則24条の3の規定が新設され、みなし勾留の勾留場所につき裁判官の司法審査が及ぶようにするとともに、そのための手続を明確にするための事項が定められた。すなわち、同条1項において、勾留場所の速やかな確定を確保するため、検察官は、あらかじめ、裁判長に対し、逆送決定をするときは少年等を他の少年鑑別所等に収容することに同意するよう請求できることとし、同条2項において、裁判長が逆送決定と同時期に同意した場合には、検察官は同意に係る少年鑑別所等に少年等を収容することとした。同条3項においては、検察官がこのような請求をしない場合及び裁判長の同意がない場合には、もともと収容されていた少年鑑別所に少年等を収容することを明らかにした。

　逆送に当たって、一時的な収容継続決定がなされた場合（法26条の2）、あるいは、少年院送致決定が取り消されて逆送された場合（法27条の2第1項、4項）等における身柄拘束は、勾留とはみなされないので、検察官は、そのまま身柄拘束を継続することはできない。勾留の必要があるときは、改めて逮捕からやり直すことになる。

　逆送によって勾留とみなされる事実の範囲は、観護措置の基礎と

なった事実のみならず、逆送決定書に示された全ての事実に及ぶと解すべきである（昭和48・5・24法曹会刑事法調査委員会決議・曹時25・9・181）。

## 3　事件の処理

### (1)　起訴強制

検察官は、年齢超過による逆送事件については、既に20歳以上の者の事件であるから、通常の処理をすれば足りるが、刑事処分を相当として逆送された少年の被疑事件（法20条1項、64条1項）については、家庭裁判所の判断に拘束され、公訴を提起するに足りる犯罪の嫌疑がある限り、原則として、公訴を提起しなければならない（法45条5号本文）。

なお、逆送後、事件が処理されるまでの間に少年が成年に達した場合に、起訴強制の効力が存続するかという問題があり、これを積極に解する有力な考え方もあるが、前述（第1章第3の2(2)）したように、手続の適用関係について、少年法はかなり徹底して処理時の年齢に従うという原則にのっとっており、このような場合に起訴強制の効力が存続するとの明文も置かれていないことに加え、積極説によれば20歳以上の者であるのに起訴猶予処分が受けられないという不利益な拘束が生じることとなり、20歳に達した後に犯行が発覚した場合との均衡を失することからも、20歳に達した以上は、起訴強制の効力は及ばないと解すべきであろう。

検察官が、逆送された事件について改めて捜査をした結果、その全部について、公訴を提起するに足りる犯罪の嫌疑がないと認めたときは、不起訴処分をして事件を終結することとなる。一部について嫌疑なしと認めたときは、その部分については不起訴処分をすることができるが、残りの嫌疑が認められる部分については、起訴す

るか、後述（下記⑵）するように家庭裁判所に再送致しなければな
らない。

　なお、家庭裁判所が18歳未満に係る禁錮以上の刑に当たる罪の事
件であるとして法20条１項に基づき検察官送致決定をした事件につ
いて、捜査の結果、罰金以下の刑に当たる事件であると認定した場
合、家庭裁判所が検察官送致決定をした事件との間に事実の同一性
が認められるとしても、検察官は公訴提起をすることはできない
（最判平26・１・20裁判所時報1596・６）。

### ⑵　起訴強制の例外

　起訴強制の例外として、次の場合には、検察官は公訴を提起しな
いことができる（法45条５号ただし書）。

①　送致を受けた事件の一部について公訴を提起するに足りる犯
　罪の嫌疑がないため、残余の部分だけでは訴追を相当でないと
　思料するとき

②　犯罪の情状等に影響を及ぼすべき新たな事情を発見したた
　め、訴追を相当でないと思料するとき

③　送致後の情況により訴追を相当でないと思料するとき

　上記の場合には、検察官は、法42条１項に基づき、事件を家庭裁
判所に再送致しなければならない。

　検察官から事件の再送致を受けた家庭裁判所の事件処理について
は明文の規定がないので、理論的には、再送致―再逆送―再々送致
という堂々巡りが生ずることも考えられるが、実際問題としては、
検察官の再送致時とそれに対する家庭裁判所の判断時との間に、特
別の事情の変化がない限り、家庭裁判所は検察官の判断を尊重すべ
きであろうし、逆に、家庭裁判所が、再送致の理由及びその後の特
別の事情等を考慮して、やはり刑事処分相当として再逆送した場合
には、検察官としてはこの判断を尊重し、上記の起訴強制の例外事

由が新たに発生しない限り、公訴を提起すべきものと解される。

(3) 公訴の提起

法20条1項又は62条1項による逆送決定に係る事件の公訴事実は、逆送決定書記載の罪となるべき事実と同一性がなければならない。

同一性が認められる範囲内では、逆送決定書記載の訴因、罰条に拘束されず、これを変更して起訴することも、犯罪事実の範囲を縮減し、あるいは拡張して起訴することも可能である（もっとも、前記(1)のとおり、同一性が認められる場合でも、18歳未満の者に係る罰金以下の刑に当たる罪の事件と認められる場合には、起訴はできない。）。

捜査中に公訴事実の同一性を失ったと認められるときは、改めて家庭裁判所に送致しなければならない。新たに余罪が発覚した場合の当該余罪についても同様である。これを看過して起訴したときは、公訴提起の手続がその規定に違反したため無効であるとして、判決で公訴を棄却される（刑訴法338条4号）。

# ◆第2 公 判

少年について刑事訴訟が行われる場合は、通常の刑事手続に従って行われるが（法40条）、少年の特質を考慮した若干の特則がある。

## 1 手続上の特則

保護手続において、少年並びにその保護者、法定代理人、保佐人、配偶者、直系の親族及び兄弟姉妹が選任した弁護士である付添人（法10条1項）は、事件が逆送されたときは、弁護人選任届を改めて出さなくても、第二次の捜査手続及び第一審公判手続における弁護人とみ

なされる（法45条6号、刑訴法32条1項）。

　少年の被告人に弁護人がないときは、必要的弁護事件でなくとも、裁判所は、なるべく、職権で弁護人を付さなければならないこととされている（刑訴規則279条、刑訴法37条）。

　少年事件の審理については、懇切を旨とするとともに非行のある少年に対し自己の非行について内省を促すものとしなければならず、また、事案の真相を明らかにするため、家庭裁判所の取り調べた証拠は、努めてこれを取り調べるようにしなければならない（刑訴規則277条）。

## 2　家庭裁判所への移送

　裁判所は、事実審理の結果、少年の被告人を保護処分に付するのが相当であると認めるときは、決定で、事件を家庭裁判所に移送しなければならない（法55条）。

　この決定に対しては、抗告できないものと解されている（大阪高決昭30・3・31高裁特報2・7・243）。

　移送を受けた家庭裁判所は、保護事件としてこれを処理することになるが、移送裁判所の判断に拘束されるわけではないので、理論的には、これを再び検察官に逆送することも可能である。

## 3　刑事処分の特則

　少年法は、少年の種々の特質を考慮して、少年に対して言い渡される刑事処分についていくつかの特則を設けているので、そのうち、主要なものについて概説する。

### (1)　死刑、無期刑の緩和

　　罪を犯すとき18歳に満たない者に対しては、死刑をもって処断すべきときは、無期刑を科する（法51条1項）。また、罪を犯すとき

18歳に満たない者に対しては、無期刑をもって処断すべきときであっても、有期の懲役又は禁錮を科することができ、この場合においては、その刑は、10年以上20年以下において言い渡す（同条2項）。

この特則は、可塑性に富み、教育可能性の高い少年に対しては、より教育的な処遇が必要、有効であること、人格の未熟さから責任も20歳以上の者より軽い場合があること、少年には社会復帰の機会を最大限に与えるべきであることなどを考慮して、いわば恩恵的に犯行時18歳未満の者に対する刑を緩和したものと考えられる。

「18歳に満たない」とは、犯行時を基準とするものであり、裁判時を基準とするのではない。したがって、犯行時に18歳に達していれば死刑を科され得るのであり、犯行時に18歳になって間もない少年であったことは、法51条の趣旨に徴すれば、死刑を選択するかどうかの判断に当たって相応の考慮を払うべき事情ではあるが、死刑を回避すべき決定的な事情であるとまではいえず、犯行の罪質、動機、態様、結果の重大性及び遺族の被害感情等と対比・総合して判断する上で考慮すべき一事情にとどまると解される（最判平18・6・20判時1941・38）。

「処断すべきとき」とは、法定刑ではなく、科刑上一罪の処理、刑の選択、加重減軽等を行って導き出される処断刑が死刑又は無期刑であることをいう。

法51条1項においては、「無期刑を科する」と規定されているので、犯行時18歳未満の少年に対しては死刑を言い渡すことはできず、必ず無期刑に緩和しなければならない。この場合、後述の仮釈放可能期間の特則は適用されない（法58条2項）。

法51条2項においては、「有期の懲役又は禁錮を科することができる」と規定されていることから、処断刑が無期刑である場合に

は、そのまま無期刑を言い渡すこともできるが、裁判所の裁量により有期刑を科することもできる。無期刑を有期刑に緩和した場合には、10年から20年の間で長期と短期を定めて不定期刑を言い渡すのではなく、この範囲内で定期刑を科する趣旨である（平成12年の法改正前の法51条に関し、最判昭25・11・9刑集4・10・2230参照）。平成12年の法改正前の法51条は、犯行時18歳未満の少年に対し、死刑をもって処断すべきときのみならず、無期刑をもって処断すべきときも、必ず有期刑に減軽することとしていたが、処断刑が無期刑であるということは、法律上の加重減軽や酌量減軽の処理を経てもなお無期刑が相当であったという場合であり（法律上の加重減軽処理を経てなお無期刑であっても、年齢その他の事情を考慮して無期刑が相当でなければ、酌量減軽すれば足りる。）、このような場合にまで、犯行時18歳未満であったとの一事をもって、必ず有期刑に減軽しなければならないとすることは適当ではないと考えられたことから、無期刑を科すか有期刑を科すかを裁判所が選択できることとされた。

　法51条2項を適用すべき場合に科すことができる有期刑の範囲については、平成26年の法改正以前は10年以上15年以下とされていたが、平成26年の法改正により10年以上20年以下の範囲とされた。

　これは、平成26年の法改正により後記のとおり不定期刑の長期の上限すなわち有期刑の上限が15年に引き上げられることから、無期刑の緩和刑として科し得る刑の上限を引き上げないものとすると、無期刑の緩和刑より責任の軽い不定期刑と無期刑の緩和刑の上限とが同じになってしまい、相当ではないことによる。すなわち、平成26年法改正以前の少年法の下で有期刑である不定期刑の長期の上限が10年であることを前提に無期刑の緩和刑として15年の有期刑が言い渡されていたような事案の中には、改正後の規定により不定期刑

の長期の上限が15年とされることを考慮すれば、処断刑が無期である以上、緩和刑であるとはいっても15年にまで緩和するのは緩和し過ぎであって不相当であると考えられる事案も存在すると考えられたことによるものである。

(2) **不定期刑**

ア　不定期刑の趣旨・対象事件

少年に対して有期の懲役又は禁錮をもって処断すべきときは、執行猶予の言い渡しをする場合を除き、長期と短期を定めた不定期刑を言い渡す（法52条）。

少年に対して自由刑を科する場合には、刑の教育的意義が特に強調されなければならない。その意味からすると、刑務所に収容すべき期間（刑期）が固定している通常の定期刑よりは、刑の執行状況に従い、教育改善の効果があがったと認められれば、その時点で刑を終了させ、他方、矯正教育が必要な限り刑期が続くという不定期刑の方が望ましい。しかし、裁判上全く刑期を定めない、いわゆる絶対的不定期刑は、罪刑法定主義からいっても問題があるので、少年法は、長期と短期を定めて言い渡す、いわゆる相対的不定期刑の制度を採用している。不定期刑を言い渡すためには、判決時において被告人が少年であることを要する。上訴審において被告人が20歳以上の者に達しても、その理由だけで不定期刑を言い渡した原判決が破棄されることにはならない。上訴審において、たまたま他の理由で原判決が破棄され、自判する場合あるいは差戻し後の下級審においては、その自判時あるいは差戻し後の下級審における判決時を基準にして、本条適用の有無を決すべきであるが、控訴審が控訴の理由なしとして控訴を棄却する場合には、原審判決時を基準として被告人に本条を適用すべきであったかどうかを判断することとなる（最決昭29・6・30家月

6・7・89)。

　不定期刑の対象となる事件について、平成26年の法改正以前は「少年に対して長期3年以上の有期の懲役又は禁錮をもつて処断すべきとき」とされていたが、前記の少年に対する不定期刑の趣旨は、処断刑が3年以上の有期の懲役又は禁錮に当たる罪を犯した少年に限られず、全ての罪を犯した少年に妥当することから、平成26年の法改正により「少年に対して有期の懲役又は禁錮をもつて処断すべきとき」に改められた。

　なお、特定少年に対しては、不定期刑を言い渡すことができない（第4章第3の3参照）。

イ　不定期刑の長期及び短期の意義

　不定期刑の長期と短期の意義については以下のように考えられる。すなわち、刑罰は行為責任の範囲内で一般予防目的及び特別予防目的を達成しようとするものであり、この点は不定期刑においても変わりはないから、不定期刑の長期が行為責任の程度を超える期間であってはならず、不定期刑の長期は、行為責任の観点を重視して定められることになる。他方、短期については、後記のとおり「少年の改善更生の可能性その他の事情を考慮し特に必要と認めるとき」に処断刑の下限を下回ることができるとの規定が設けられていることからすれば、特別予防を重視して定めるべきものであると考えられる。よって、具体的量刑の決定に際しては、まず、行為責任を重視した長期によって、上限が画され、その範囲内で特別予防を重視した短期が決定されることになるものと考えられる。

　不定期刑の長期については、処断刑の範囲内において定めるものとされ、さらに、15年を超えることはできないとされている。

　また、不定期刑の短期についても、原則として処断刑の範囲内

で定めるものとされ、さらに10年を超えることはできないとされている。

　不定期刑の長期と短期の上限について、平成26年の改正以前は長期は10年、短期は5年とされていたが、平成26年の法改正により、長期は15年、短期は10年とされた。

　このような改正が行われたのは、平成26年の法改正以前は少年に対して科すことができる最も重い有期刑が「5年以上10年以下の懲役」となっていたことについて、無期刑と5年以上10年以下の不定期刑という有期刑の上限との間には大きなかい離があり、科刑上の断絶がある、主犯者たる少年と従属的立場の20歳以上の者との共犯事件において、20歳以上の者に対する刑と少年に対する刑との間に不均衡があるなどの指摘があり、実際の裁判例においても、少年に対して科し得る有期刑の上限が5年から10年の不定期刑と低いために不本意な量刑をせざるを得なかった旨を判示しているものも存在したことから、裁判所の量刑の選択肢を広げることにより、少年が犯した行為に応じ、より適正な量刑をなし得るようにするためであり、少年に対する科刑を一律に引き上げることを目的としたものではない。

ウ　不定期刑の長期と短期の幅の制限

　平成26年の法改正において、不定期刑の長期と短期の幅について、短期は、「長期の2分の1（長期が10年を下回るときは、5年を減じた期間）を下回らない範囲内」において定めなければならないとの制限が設けられた。

　平成26年の法改正において、不定期刑の長期と短期の幅に制限を設けたのは、不定期刑においても、長期と短期とは共に刑であることから余りにも幅が大きくなることは、裁判所が被告人の受ける不利益の程度を画するという機能が十分に発揮できなくなる

とともに、短期についても、行為責任の観点からすれば長期に比して余りにも短期間であるものは相当ではないと考えられたことによる。

　また、幅について「長期の2分の1」という制限と「長期から5年を減じた期間を下回らない」という制限の二つの基準が設けられた理由は以下のとおりである。すなわち、不定期刑の長期と短期の幅を制限するにしても、少年に対する不定期刑が教育的配慮から導入されたものであることに鑑みれば、その目的を達成するために必要な幅はこれを確保できるようにする必要があるところ、平成26年の法改正以前の運用の下で、長期が長くなればなるほど幅が大きくなっていることなどを参考にして、まず、長期の2分の1という基準が定められた。そして、平成26年の法改正は、改正前の運用の下で科されていた刑を科し得なくし、一律に厳罰化を図ることを意図するものではないから、仮に、長期と短期の幅について一律に「長期の2分の1」という制限を課すとすれば、「1年以上3年以下の懲役」のような平成26年の法改正前に現に言い渡されていた刑が言い渡せなくなってしまい相当ではないと考えられたので、改正前の運用の下で現に言い渡されていた不定期刑の長期と短期の幅は5年を超えていないことに鑑み「長期から5年を減じた期間」という基準を併せて定め、二つの基準のうちより幅の大きいものが適用されることとされた。

エ　不定期刑の短期についての特則

　さらに、不定期刑の短期については、前記のとおり、原則として処断刑の下限を下回る期間を定めることはできないが、「少年の改善更生の可能性その他の事情を考慮し特に必要があるとき」には、「処断すべき刑の短期の2分の1を下回らず」かつ「長期の2分の1（長期が10年を下回るときは5年を減じた期間）を下

160

回らない」範囲内において定めることができるとされ、処断刑の下限を下回る期間を定めることができるようになった（法52条2項）。

　このような特則が設けられたのは、少年に対する不定期刑の短期も刑であるから、基本的には処断刑の範囲内において決定されるべきものであるが、少年が、可塑性に富むことを踏まえれば、処断刑の下限を下回る期間で改善更生したと認められ、かつ、行為責任の観点からもそのような期間において刑の執行を終了させることが許容される場合もあり得るので、一律に処断刑の範囲内において短期を定めなければならないとすることは相当ではないと考えられたこと、このような場合について、酌量減軽をするなどして処断刑を短縮し、その短縮された処断刑の範囲内において、長期及び短期を定めることとしたならば、行為責任の程度、責任非難まで軽くなったという誤った評価を行うことになるとともに、適切に不定期刑の長期を決定することができない場合も生じ得ることと、このような規定を設けなければ、長期を処断刑の下限に定めると、短期を定めることができなくなってしまうことによるものである。

　この法52条2項の特則が適用される場合の具体例は以下のとおりである。例えば、強盗致傷（刑種の選択として有期懲役を選択した場合において、法律上・裁判上の加重減軽事由がない場合の処断刑は、6年以上の有期懲役）の事案で言い渡す不定期刑の長期を懲役11年とする場合、処断刑の短期の2分の1である3年及び長期の2分の1である5年6月を下回らない範囲内、すなわち5年6月を下回らない範囲内で短期を定めることになる。また、同じく強盗致傷の事案で言い渡す不定期刑の長期を9年とする場合、処断刑の短期の2分の1である3年及び長期から5年を減じ

た期間である4年を下回らない範囲内、すなわち4年を下回らない範囲内において短期を定めることとなる。さらに、傷害致死（法律上・裁判上の加重減軽事由がない場合の処断刑は、3年以上の有期懲役）の事案で言い渡す不定期刑の長期を4年とする場合、処断刑の短期の2分の1である1年6月及び長期から5年を減じた期間である1月（注：懲役及び禁錮の下限は1月）を下回らない範囲内、すなわち1年6月を下回らない範囲内において短期を定めることとなる。

　「少年の改善更生の可能性その他の事情を考慮し特に必要があるとき」に当たるか否かは、少年が自己の犯行を真に反省しているか、更生意欲があるか、改善更生のための環境がどの程度整っているのかなどの事情、特則を適用し処断刑の下限を下回る短期を定めることにより少年に改善更生意欲を持たせることができるか、円滑な社会復帰に資するかなどの特則を適用して得られる効果、処断刑の下限を下回る短期を定めることに対する行為責任の観点からの許容性等を総合的に考慮して判断される。

　また、「その他の事情」については、様々なものが含まれ得るが、例えば少年に対する刑が処断刑の下限を下回る時期において終了することを被害者が許容しているという事情、行為責任の上限が処断刑の下限に近く、短期について処断刑を下回る期間を定めることができるようにしなければ適切な短期を定めることができないという事情などがこれに該当すると考えられる。

　なお、法52条2項の規定と刑法66条の酌量減軽の規定については、どちらか一方のみを適用することも、同条の酌量減軽を行った上で更に法52条2項の規定を適用することも可能である。

オ　短期経過後の刑の執行終了

　不定期刑の言渡しを受けた者がその刑の短期を経過したとき

は、地方更生保護委員会は、言渡しを受けた者が刑事施設に収容中の場合は刑事施設の長の、言渡しを受けた者が仮釈放中の場合は保護観察所の長の申請に基づき、刑の執行を受け終わったものとすることができる（更生保護法44条、78条）。

### (3) 仮釈放可能期間の特則

刑法28条は、懲役又は禁錮に処せられた者に改悛の状があるときは、有期刑についてはその刑期の３分の１を、無期刑については10年を経過した後、行政官庁の処分によって仮に釈放することができることを定めているが、法58条１項は、少年のとき懲役又は禁錮の言渡しを受けた者について、この仮釈放可能期間の特則を設け、無期刑については７年、法51条２項の規定により言い渡した有期の刑についてはその刑期の３分の１、法52条１項及び２項の規定により言い渡した刑（不定期刑）についてはその刑の短期の３分の１を経過した後、仮釈放をすることができる旨を定めている。これは、少年の場合は、特に可塑性に富み、施設内における教育の効果も期待できることから、少年に対する刑の緩和の一環として、仮釈放可能期間を短縮したものである。

仮釈放可能期間の特則は、「少年のとき」懲役又は禁錮の言渡しを受けた者に適用されるので、言渡しのときに少年（特定少年は除く。第４章第３の３参照。）であれば、受刑中にそうでなくなっても適用されることとなる。

しかし、法51条１項の規定により、死刑をもって処断すべきところ犯行時18歳未満であったため無期刑の言渡しを受けた者については、上記の仮釈放期間の特則（７年）の規定は適用されない（法58条２項）。死刑を減軽して無期刑とした上で、更に仮釈放可能期間についても緩和することとすると、いわば二重に刑の緩和をすることにより、本来死刑に処すべき者が相当短期間で社会復帰をする可

能性を認めることとなって罪刑の均衡や被害者感情等から適当では
ないと考えられたため、平成12年の法改正において同項が加えられ
たものである。したがって、法51条1項の規定により無期刑の言渡
しを受けた者の仮釈放可能期間は、刑法28条の原則に戻って10年と
なる。

　法51条2項の規定により言い渡した有期の刑について、仮釈放が
可能となる期間は、平成26年の法改正以前は3年とされていたが、
平成26年の法改正によりその刑期の3分の1と改められた。

　これは、平成26年の法改正により不定期刑の短期の上限が10年に
引き上げられたことにより、短期を10年とする不定期刑が言い渡さ
れた場合、仮釈放はその3分の1である3年4月経過後に可能とな
るため、仮に法51条2項の規定により言い渡した有期の刑について
3年経過後に仮釈放を可能とする平成26年の法改正前の規定を維持
したとすると、法51条2項の規定により言い渡した有期の刑の方が
早く仮釈放が可能となってしまうが、これは相当ではないと考えら
れたことによるものである。

⑷　**少年院における刑の執行**

　平成12年の法改正により刑事処分可能年齢が14歳以上に引き下げ
られたこと（法20条1項）によって、義務教育過程にある14歳、15
歳の少年に懲役、禁錮が言い渡される可能性が生じたことに伴い、
懲役又は禁錮の言渡しを受けた16歳に満たない少年に対しては、刑
法12条2項又は13条2項の規定にかかわらず、16歳に達するまでの
間、少年院において、その刑を執行することができることとし、こ
の場合において、その少年には、矯正教育を授けることとされた
（法56条3項）。この規定により少年院において刑の執行を受ける者
を「受刑在院者」という（少年院法2条3号）。

　刑罰には、その罪責に応じて行為者に懲罰を加えるという側面と

受刑者の社会復帰のために改善更生を図るという側面とが併存していると考えられるが、14歳、15歳の年少少年については、その年齢や心身の発達の度合いを考慮し、後者の教育的側面を重視すべき場合が多いと考えられ、特に、義務教育年齢の者については教科教育を重視しなければならない。このような年少少年については、少年刑務所において適切な処遇を行うことも不可能ではないが、少年院で教育に重点を置いた処遇を行うのが相当である場合もあると考えられる。そこで、個々の少年の特性に応じ、適切かつ柔軟な刑の執行を確保するため、受刑在院者の制度が設けられたものである。

16歳未満の少年受刑者を少年刑務所に収容するか、少年院に収容するかの判断は、一般の受刑者をどの刑務所に収容するかの判断と同様に、刑の執行を担当する矯正当局が行うこととなる。

受刑在院者に対しては、「矯正教育その他の必要な処遇を行う」ことが処遇の内容となるので、懲役の言渡しを受けた場合であっても、刑法12条2項の作業は課さないこととなる。法は、保護処分として少年院送致の処分を受けた少年と受刑在院者とのいずれにも「矯正教育その他の在院者の健全な育成に資する処遇を行う」こととしており、両者の処遇は多くの場合共通のものとなると思われるが、他方、受刑在院者の多くは、悪質、重大な罪を犯して地方裁判所等により実刑を受けた者であることから、本人の犯罪的傾向を矯正し、これを社会復帰させるための改善更生の実を上げるのにふさわしい処遇がなされることとなると考えられる。

受刑在院者が16歳に達した場合、その達した日の翌日から起算して14日以内に刑の執行が終了すべき場合を除き、少年を刑事施設に移送して残刑期を執行することとなるので（少年院法141条1項）、受刑在院者については、刑務所への移送を前提とした一貫性のある処遇計画を策定し、実施する必要があると考えられる。

　受刑在院者は、刑の執行の一態様として少年院に収容されている
ものであり、その身分は、懲役又は禁錮の執行を受ける受刑者であ
る。したがって、受刑在院者が少年院に収容されている期間も刑期
は進行するほか、この期間は仮釈放可能期間にも算入される。ま
た、受刑在院者は、刑法97条にいう「裁判の執行により拘禁された
既決の者」であって、少年院から逃走した場合には、逃走罪が成立
するし、刑訴法485条の収容状によって収容することもできる。

(5)　**換刑処分の禁止**

　少年に対しては、労役場留置（刑法18条）の言渡しをしない（法
54条）。

　労役場留置が少年の情操を害するおそれが大きいことを考慮した
特則である。

　なお、特定少年に対しては、労役場留置を言い渡すことができる
（第 4 章第 3 の 4 参照）。

(6)　**人の資格に関する法令の適用の特則**

　少年のとき犯した罪により刑に処せられてその執行を受け終わ
り、又は執行の免除を受けた者は、人の資格に関する法令の適用に
ついては、将来に向かって刑の言渡しを受けなかったものとみなさ
れる（法60条 1 項）。

　刑に処せられたこと、いわゆる前科のあることは、種々の資格の
喪失あるいは欠格等の事由とされているが、前途の長い少年につい
て、前科者扱いすることは、苛酷であり、再犯防止の観点からも問
題があるため、この特則が設けられている。

　法60条 1 項は、犯罪時に少年であれば適用され、裁判時や刑の執
行終了時に少年であることを要しない。少年時代の犯罪で前科者扱
いはしないという趣旨である。

　人の資格に関する法令において、前科のあることを欠格、失格、

資格停止等の事由とするものは数多くあるが（例えば、裁判官（裁判所法46条）、検察官（検察庁法20条）、弁護士（弁護士法7条）、医師免許（医師法4条）等）、少年のときの犯罪により刑に処せられて、その執行を受け終わり、又はその免除を受けた者については、これらの法令の適用上は、前科があるものとして扱われないこととになる。

　現に受刑中の者、その刑の執行が終わらない者には、この特則は適用されず、刑の執行猶予に関する刑法25条、累犯に関する同法56条のような規定の適用に関しても、この特則は適用されない（執行猶予につき最決昭37・4・10判例総覧刑事編21・878。累犯につき最決昭33・3・12刑集12・3・520）。

　少年時の犯罪により現在執行猶予中の者については、その猶予の期間中は、刑の執行を受け終わったものとみなして、法60条1項の特則が適用される。この場合に、執行猶予が取り消されたときは、特則の適用が受けられなくなり、人の資格に関する法令の適用に関しては、取消決定のあったときに刑の言渡しがあったものとみなされる（同条2項、3項）。

　刑の執行猶予の言渡しを取り消されることなく執行猶予の期間を経過すれば、刑の言渡しは効力を失うから（刑法27条）、資格関係に不利益を及ぼすことはないが、猶予期間中は、刑の執行を受けることがなくなったとはいえないことから、そのままでは資格制限の事由に当たる場合が多い（国家公務員法38条、地方公務員法16条、学校教育法9条等）。そこで、法60条2項で、執行猶予期間中は前科のないものとして取り扱うこととし、資格制限の適用を受けないこととされている。

　なお、特定少年のとき犯した罪により刑に処せられた者については、人の資格に関する法令の適用の特則は適用されない（第4章第

3の5参照）。

# ◆第3　特定少年の特例

令和3年の法改正により、特定少年に係る事件について、逆送後は、刑事事件に関する以下の条文については、適用が除外されることとなった（法67条）。これは、特定少年に係る事件について、家庭裁判所が刑事処分相当と判断して逆送決定をした場合には、原則として20歳以上の者と同様に取り扱うべきであると考えられたことによる。

## 1　勾留要件の加重等（法43条3項及び法48条1項）

法43条3項及び法48条1項は、少年についての勾留請求及び勾留状の発付を「やむを得ない場合」に限定しているが（第3章第2の3(2)参照）、特定少年の被疑事件であって検察官送致決定（法20条1項、62条1項）があったものについては法43条3項は適用されず（法67条1項）、また、同事件の被疑者及び特定少年である被告人については法48条1項は適用されない（法67条2項）。

これは、特定少年について、家庭裁判所により、刑事処分相当を理由とする検察官送致決定がされ、刑事責任を追及される立場となった場合であっても、年齢のみを理由として、勾留による逃亡や罪証隠滅の防止よりも情操保護を優先し、勾留請求や勾留状発付の要件を一律に加重することは、その責任ある主体としての立場等に照らし、適当でないと考えられたためである。

なお、法67条1項及び2項は、いわゆる人単位ではなく、事件単位で適用され、例えば、検察官送致決定がされていない被疑事件において、別の被告事件の被告人である特定少年の勾留を請求しようとする場合には、同条1項は適用されず、法43条3項が適用される。

## 2 取扱いの分離（法49条1項から3項まで並びに法56条1項及び2項）

　取扱いの分離について、法49条1項は、少年の被疑者・被告人は他の被疑者・被告人と分離し、なるべく接触を避けなければならないことを、同条2項は、少年の被告事件は、他の被告事件と関連する場合にも、審理に支障がない限り手続を分離しなければならないことを、同条3項は、逮捕・勾留等により少年を刑事施設等に収容する場合には、20歳以上の者と分離して収容しなければならないことを、法56条1項及び2項は、懲役又は禁錮の言渡しを受けた少年に対しては、特に設けた刑事施設等において刑を執行することを、それぞれ規定しているが（第1章第5の1参照）、特定少年の被疑事件であって検察官送致決定（法20条1項、62条1項）があったものの被疑者及び特定少年である被告人については法49条1項及び3項は適用されず（法67条2項）、また、特定少年の被告事件については法49条2項は適用されず（法67条3項）、特定少年については法56条1項及び2項は適用されない（法67条4項）。

　これは、特定少年について、刑事処分相当を理由とする検察官送致決定がされ、刑事責任を追及される立場となった場合であっても、年齢のみを理由として、一律に分離して取り扱わなければならないとするのは、情操保護の観点を過度に優先するものであって、その責任ある主体としての立場等に照らし、適当でないと考えられたことによる。

　もとより、個々の被疑者、被告人又は受刑者に対して、必要に応じて、捜査・公判手続における配慮や、収容上・処遇上の配慮を行うことは妨げられない。

　なお、法67条3項も、前記1同様、いわゆる人単位ではなく、事件

単位で適用される。

## 3　不定期刑及び仮釈放（法52条、法58条及び法59条）

　法52条は、少年に対して有期の懲役又は禁錮をもって処断すべきときは不定期刑を言い渡すこと及びその場合の長期の上限を15年とすることなどを、法58条及び法59条は、少年のときに言渡しを受けた懲役又は禁錮の仮釈放及び仮釈放期間の終了の特則を、それぞれ規定しているが（第4章第2の3⑵⑶参照）、特定少年については法52条は適用されず（法67条4項）、また、特定少年のとき刑の言渡しを受けた者については法58条及び法59条は適用されない（法67条5項）。

　これは、特定少年に対してこれらの規定を適用し、いかに重大な罪を犯した場合であっても、年齢のみを理由として、有期刑の刑期の上限を引き下げ、刑の短期を定めるなど一律に寛大な取扱いをすることは、その責任ある主体としての立場に照らし、また、刑事司法に対する被害者を含む国民の理解・信頼の確保の観点からも、適当でないと考えられたことによる。

## 4　労役場留置の禁止（法54条）

　法54条は、少年に対する労役場留置の言渡しを禁止しているが（第4章第2の3⑸参照）、特定少年については法54条は適用されない（法67条4項）。

　これは、特定少年が、刑事責任を負うべきものと判断されて罰金・科料の刑に処せられた場合であっても、年齢のみを理由として、一律に労役場留置の言渡しを禁止することは、情操保護の観点を過度に優先するものであって、その責任ある主体としての立場等に照らし、適当でないと考えられたことによる。

## 5　資格制限の緩和（法60条）

　法60条は、少年のとき犯した罪について、刑罰の効果の一つである刑による資格制限を一律に緩和しているが（第4章第2の3⑷参照）、特定少年のとき犯した罪により刑に処せられた者については法60条は適用されない（法67条6項）。

　これは、特定少年のときに犯した罪について、刑事責任を負うべきものと判断され、その結果として刑に処せられた場合であっても、犯行時の年齢のみを理由として、対象業務の性質や実情等を問わず、一律に資格制限を緩和することは、対象者の改善更生の視点を過度に優先するものであって、その責任ある主体としての立場等に照らし、適当でないと考えられたことによる。

## 少年法における各種制度等の対象事件の一覧

| | 司法警察員による家庭裁判所への送致（41条） | 警察官による児童相談所長等への送致（6条の6第1項） | 原則家庭裁判所送致（6条の7第1項） | 国選付添人（22条の3第1項、2項） | 検察官関与（22条の2第1項） | 観護措置期間の特則更新（17条4項ただし書） | 検察官への送致（逆送）（20条1項） | 検察官への送致（逆送）（62条1項） | 原則逆送（20条2項） | 原則逆送（62条2項） | 被害者等による少年審判の傍聴（22条の4第1項） |
|---|---|---|---|---|---|---|---|---|---|---|---|
| 対象となる事件（対象事件） | 罰金以下の刑に当たる罪の事件 | ・故意の犯罪行為により被害者を死亡させた事件 ・死刑又は無期若しくは短期2年以上の懲役若しくは禁錮に当たる罪の事件 | 故意の犯罪行為により被害者を死亡させた罪の事件 死刑又は無期若しくは短期2年以上の懲役若しくは禁錮に当たる罪の事件 | 死刑又は無期若しくは長期3年を超える懲役若しくは禁錮に当たる罪の事件 | 死刑又は無期若しくは長期3年を超える懲役若しくは禁錮に当たる罪の事件 | 死刑、懲役又は禁錮に当たる罪の事件 | 家庭裁判所が刑事処分を相当と認め死刑又は懲役若しくは禁錮に当たる罪の事件 | 家庭裁判所が刑事処分を相当と認めた事件 | 故意の犯罪行為により被害者を死亡させた罪の事件 | （1号）故意の犯罪行為により被害者を死亡させた罪の事件 （2号）死刑又は無期若しくは短期1年以上の懲役若しくは禁錮に当たる罪の事件 | （1号）故意の犯罪行為により被害者を死傷させた罪の事件 （2号）刑法211条（業務上過失致死傷等）の罪の事件 （3号）自動車運転死傷処罰法（注）4条、5条又は6条3項若しくは4項の罪の事件 |
| 備考 | | | ※家庭裁判所の審判に付することが適当と思料するものも送致可 | ※検察官関与決定がある場合は必要的（1項）※検察官関与決定がない場合は職権（2項） | | | | | | | ※いずれも被害者を傷害したときは、これにより生命に重大な危険を生じさせたときに限る。 |
| 対象となる少年 | 犯罪少年（特定少年を除く（67条1項）） | 触法少年 | 触法少年 | 1項の場合は、犯罪少年 2項の場合は、犯罪少年、触法少年 | 犯罪少年 | 犯罪少年 | 犯罪少年（特定少年を除く） | 特定少年 | 犯罪少年（犯行時16歳以上18歳未満） | 特定少年（犯行時18歳以上） | 犯罪少年 触法少年（12歳未満を除く） |

（注）正式な法律名は、「自動車の運転により人を死傷させる行為等の処罰に関する法律」である。なお、同法2条、3条又は6条1項若しくは2項の罪は、1号の「故意の犯罪行為により被害者を死傷させた罪」に該当する。

## 少年の年齢に応じた少年法上の措置について

| 非行少年の種類（3条1項） | 年齢（[ ]は年齢判断の基準時） | 家裁係属までの手続（警察が非行少年を発見した場合） | 観護措置期間の特別更新[非行時]17条4項ただし書 | 検察官関与[非行時]22条の2 | 少年審判の傍聴[非行時]22条の4第1項 | 少年院送致（保護処分決定時）24条1項3号・64条1項3号 | 検察官送致（犯行時）20条1項・62条1項 | 死刑（犯行時）51条1項 | 無期刑の緩和（犯行時）51条2項 |
|---|---|---|---|---|---|---|---|---|---|
| 犯罪少年（1号） | 14・15歳 | 警察→検察→家裁／警察→家裁（罰金以下の罪） | 可 | 可 | 可（12歳未満を除く） | 可 | 可（故意致死事件は原則検察官送致） | 不可（死刑をもって処断すべきときは、無期刑を科する） | 可（裁判所の裁量により、10～20年の有期刑に緩和できる） |
| | 16・17歳 | | | | | | 可（故意致死事件は原則検察官送致） | 可 | 不可（緩和の規定はない） |
| | 18・19歳 | | | | | | 可（故意致死又は死刑・無期若しくは短期1年以上の懲役・禁錮に当たる罪の事件は原則検察官送致） | 可 | 不可（緩和の規定はない） |
| 触法少年（2号） | ～13歳 | 警察→児相→家裁 | 不可 | 不可 | 可（12歳未満を除く） | 可（おおむね12歳以上で（注）、特に必要と認める場合） | — | — | — |
| ぐ犯少年（3号） | ～13歳 | 警察→児相→家裁 | 不可 | 不可 | 不可 | 可（おおむね12歳以上で（注）、特に必要と認める場合） | — | — | — |
| | 14～17歳 | 警察→家裁／警察→児相→家裁 | 不可 | 不可 | 不可 | 可 | — | — | — |

（注）　少年院法4条1項1号及び3号参照。

# 故意の犯罪行為により被害者を死亡させた罪

## （刑法犯）

| 番号 | 罪　　名 | 罰　　条 |
|---|---|---|
| 1 | ガス漏出等致死 | 第118条第2項、第205条 |
| 2 | 往来妨害致死 | 第124条第2項、第205条 |
| 3 | 汽車転覆等致死 | 第126条第3項 |
| 4 | 往来危険による汽車転覆等致死 | 第127条、第126条第3項 |
| 5 | 浄水汚染等致死 | 第145条、第205条 |
| 6 | 水道毒物等混入致死 | 第146条後段 |
| 7 | 強制わいせつ致死 | 第181条第1項 |
| 8 | 監護者わいせつ致死 | 第181条第1項 |
| 9 | 強制性交等致死 | 第181条第2項 |
| 10 | 監護者性交等致死 | 第181条第2項 |
| 11 | 特別公務員職権濫用等致死 | 第196条、第205条 |
| 12 | 殺人 | 第199条 |
| 13 | 自殺関与及び同意殺人 | 第202条 |
| 14 | 傷害致死 | 第205条 |
| 15 | 同意堕胎致死 | 第213条後段 |
| 16 | 業務上堕胎致死 | 第214条後段 |
| 17 | 不同意堕胎致死 | 第216条、第205条 |
| 18 | 遺棄等致死 | 第219条、第205条 |
| 19 | 逮捕等致死 | 第221条、第205条 |
| 20 | 強盗致死 | 第240条 |
| 21 | 強盗・強制性交等致死 | 第241条第3項 |
| 22 | 建造物等損壊致死 | 第260条後段、第205条 |

**(特別法犯)**

| 番号 | 罪　　　　名 | 罰　　　　条 |
|---|---|---|
| 1 | 決闘殺人 | 決闘罪ニ関スル件第3条、刑法第199条 |
| 2 | 決闘傷害致死 | 決闘罪ニ関スル件第3条、刑法第205条 |
| 3 | 航空機強取等致死 | 航空機の強取等の処罰に関する法律第2条 |
| 4 | 航空機墜落等致死 | 航空の危険を生じさせる行為等の処罰に関する法律第2条第3項 |
| 5 | 業務中の航空機の破壊等致死 | 航空の危険を生じさせる行為等の処罰に関する法律第3条第2項 |
| 6 | 高速自動車国道における往来危険による自動車転覆等致死 | 高速自動車国道法第27条第2項 |
| 7 | 危険物漏出等致死 | 消防法第39条の2第2項 |
| 8 | 消防活動妨害致死 | 消防法第40条第3項 |
| 9 | 組織的な殺人 | 組織的な犯罪の処罰及び犯罪収益の規制等に関する法律第3条第1項第7号、第2項 |
| 10 | 事業者用自動車転覆等致死 | 道路運送法第101条第2項 |
| 11 | 自動車道における往来危険による自動車転覆等致死 | 道路運送法第102条、第101条第2項 |
| 12 | 人質殺害 | 人質による強要行為等の処罰に関する法律第4条第1項 |
| 13 | 人の健康を害する物質の排出致死 | 人の健康に係る公害犯罪の処罰に関する法律第2条第2項 |
| 14 | 生殖不能目的手術等致死 | 母体保護法第34条後段 |
| 15 | 流通食品への毒物混入等致死 | 流通食品への毒物の混入等の防止等に関する特別措置法第9条第2項 |
| 16 | 海賊行為致死 | 海賊行為の処罰及び海賊行為への対処に関する法律第4条第1項 |
| 17 | 危険運転致死、無免許危険運転致死 | 自動車の運転により人を死傷させる行為等の処罰に関する法律第2条、第3条、第6条第2項 |

# 故意の犯罪行為により被害者を死傷させた罪

（刑法犯）

| 番号 | 罪　　　名 | 罰　　　条 |
|---|---|---|
| 1 | ガス漏出等致傷 | 第118条第2項、第204条 |
| 2 | ガス漏出等致死 | 第118条第2項、第205条 |
| 3 | 往来妨害致傷 | 第124条第2項、第204条 |
| 4 | 往来妨害致死 | 第124条第2項、第205条 |
| 5 | 汽車転覆等致死 | 第126条第3項 |
| 6 | 往来危険による汽車転覆等致死 | 第127条、第126条第3項 |
| 7 | 浄水汚染等致傷 | 第145条、第204条 |
| 8 | 浄水汚染等致死 | 第145条、第205条 |
| 9 | 水道毒物等混入致死 | 第146条後段 |
| 10 | 強制わいせつ致死傷 | 第181条第1項 |
| 11 | 監護者わいせつ致死傷 | 第181条第1項 |
| 12 | 強制性交等致死傷 | 第181条第2項 |
| 13 | 監護者性交等致死傷 | 第181条第2項 |
| 14 | 特別公務員職権濫用等致傷 | 第196条、第204条 |
| 15 | 特別公務員職権濫用等致死 | 第196条、第205条 |
| 16 | 殺人 | 第199条 |
| 17 | 自殺関与及び同意殺人 | 第202条 |
| 18 | 傷害 | 第204条 |
| 19 | 傷害致死 | 第205条 |
| 20 | 同意堕胎致死傷 | 第213条後段 |
| 21 | 業務上堕胎致死傷 | 第214条後段 |
| 22 | 不同意堕胎致傷 | 第216条、第204条 |
| 23 | 不同意堕胎致死 | 第216条、第205条 |
| 24 | 遺棄等致傷 | 第219条、第204条 |

| 25 | 遺棄等致死 | 第219条、第205条 |
|---|---|---|
| 26 | 逮捕等致傷 | 第221条、第204条 |
| 27 | 逮捕等致死 | 第221条、第205条 |
| 28 | 強盗致死傷 | 第240条 |
| 29 | 強盗・強制性交等致死 | 第241条第3項 |
| 30 | 建造物等損壊致傷 | 第260条後段、第204条 |
| 31 | 建造物等損壊致死 | 第260条後段、第205条 |

## （特別法犯）

| 番号 | 罪　　　名 | 罰　　　条 |
|---|---|---|
| 1 | 決闘殺人 | 決闘罪ニ関スル件第3条、刑法第199条 |
| 2 | 決闘傷害 | 決闘罪ニ関スル件第3条、刑法第204条 |
| 3 | 決闘傷害致死 | 決闘罪ニ関スル件第3条、刑法第205条 |
| 4 | 航空機強取等致死 | 航空機の強取等の処罰に関する法律第2条 |
| 5 | 航空機墜落等致死 | 航空の危険を生じさせる行為等の処罰に関する法律第2条第3項 |
| 6 | 業務中の航空機の破壊等致死 | 航空の危険を生じさせる行為等の処罰に関する法律第3条第2項 |
| 7 | 高速自動車国道における往来危険による自動車転覆等致死傷 | 高速自動車国道法第27条第2項 |
| 8 | 危険物漏出等致死傷 | 消防法第39条の2第2項 |
| 9 | 消防活動妨害致死傷 | 消防法第40条第3項 |
| 10 | 組織的な殺人 | 組織的な犯罪の処罰及び犯罪収益の規制等に関する法律第3条第1項第7号、第2項 |

| 11 | 常習強盗致傷 | 盗犯等ノ防止及処分ニ関スル法律第4条 |
|---|---|---|
| 12 | 事業者用自動車転覆等致死傷 | 道路運送法第101条第2項 |
| 13 | 自動車道における往来危険による自動車転覆等致死傷 | 道路運送法第102条、第101条第2項 |
| 14 | 人質殺害 | 人質による強要行為等の処罰に関する法律第4条第1項 |
| 15 | 人の健康を害する物質の排出致死傷 | 人の健康に係る公害犯罪の処罰に関する法律第2条第2項 |
| 16 | 加重傷害 | 暴力行為等処罰ニ関スル法律第1条ノ2第1項 |
| 17 | 常習傷害 | 暴力行為等処罰ニ関スル法律第1条ノ3第1項 |
| 18 | 生殖不能目的手術等致死 | 母体保護法第34条後段 |
| 19 | 流通食品への毒物混入等致死傷 | 流通食品への毒物の混入等の防止等に関する特別措置法第9条第2項 |
| 20 | 海賊行為致死傷 | 海賊行為の処罰及び海賊行為への対処に関する法律第4条第1項 |
| 21 | 危険運転致死傷、無免許運転危険運転致死傷 | 自動車の運転により人を死傷させる行為等の処罰に関する法律第2条、第3条、第6条第1項、第2項 |

# 索　引

## 【い】

移送 ……… 39, 64, 76, 131, 148, 153
一事不再理 ……………… 76, 77

## 【か】

家庭裁判所中心主義 …… 3, 5, 20, 63
家庭裁判所調査官 ……… 21, 26, 48, 52, 75, 81, 84, 86, 105, 106, 136, 138, 144
仮釈放 ………………… 162, 163
仮釈放可能期間の特則 …… 154, 162
仮収容 ……………………… 53
簡易送致 ………………… 62, 80
換刑処分の禁止 ……………… 165
観護措置 ……………… 52, 53, 81
観護令状 ………………… 52, 53

## 【き】

起訴強制 ………………… 150, 151
起訴猶予 ……… 6, 38, 58, 62, 63, 150

## 【く】

ぐ犯少年 …… 21, 28, 36, 40, 68, 69, 72

## 【け】

刑事処分 ………… 27, 29, 40, 153
検察官関与 ………… 92, 101, 129
検察官先議 ……………………… 1
検察官送致 …… 2, 89, 122, 130, 141

## 【（右段）】

検察官送致決定 …… 28, 29, 86, 108, 122
原則逆送 ……………… 29, 31, 124

## 【こ】

抗告受理申立て ………… 124, 129
勾留 ……………………… 51, 55
勾留に代わる観護措置 …… 51, 52, 53, 54, 57
国選付添人 ……………… 88, 89
個別審理 ……………………… 44

## 【さ】

再逆送 ……………………… 151
再送致 …………… 39, 40, 148, 151
裁定合議 ……………… 8, 87, 99

## 【し】

死刑、無期刑の緩和 ………… 153
試験観察 ……………………… 106
資質鑑別 ……………………… 81
児童自立支援施設 …… 29, 107, 109, 110, 111
児童福祉機関 ……………… 40, 47
児福法上の措置 …… 20, 29, 72, 107, 108
児童養護施設 …………… 109, 111
社会調査 ……………………… 84
社会内処遇 ……………… 110
終局決定 ………… 96, 106, 107, 124, 135, 147
収容 ……………… 44, 82, 112
収容継続決定 ……………… 149
証拠調べ ……… 65, 82, 97, 100, 102,

105

少年院・・・・・・・・・・・・・・・・・・・・・111, 163

少年院送致・・・・・・・・・・・・・15, 28, 111

少年鑑別所・・・・・・・・・・・・・52, 54, 81

少年鑑別所送致・・・・・・・52, 56, 68, 81, 89, 148

少年審判所・・・・・・・・・・・・・・・・・・・・・1

少年の刑事事件・・・・・・・・・・・14, 35, 43

処遇意見・・・・・・・・・・・・・・・・・・・65, 74

触法少年・・・・20, 27, 31, 36, 40, 68, 69, 70, 89, 123, 133, 136, 140, 144, 145

処断刑・・・・・・・・・・・・・・29, 93, 154, 161

職権主義的審問構造・・・・・・・・6, 7, 15

心身鑑別・・・・・・・・・・・・・・・・・・・・・82

審判開始決定・・・・・・・・85, 94, 98, 134

審判結果等の通知・・・・・10, 132, 136, 145

審判権・・・・・・・・20, 22, 67, 76, 78, 146

審判条件・・・・60, 66, 75, 82, 84, 107, 108

審判廷・・・・・・・・・・・・・・・・・・・99, 138

審判不開始決定・・・・・60, 77, 85, 107, 129

【す】

推知報道・・・・・・・・・・・・・・・・・・・・・45

【せ】

成人・・・・・・・・・・・・・・・・・・・・・・・・30

成人の刑事事件・・・・・・・・・・・・・10, 16

全件送致主義・・・・・・・・・・・・・6, 38, 62

【た】

第一種少年院・・・・・・・・・・12, 112, 113

第二種少年院・・・・・・・・・・12, 112, 113

第三種少年院・・・・・・・・・・12, 112, 113

第四種少年院・・・・・・・・・・12, 112, 113

第五種少年院・・・・・・・・・・・・112, 113

【ち】

中間処分・・・・・・・・・・・・・・・・・・・・・64

【つ】

通告・・・・・・6, 20, 28, 35, 41, 61, 64, 66, 67, 72, 73, 75

付添人・・・・・・・・7, 71, 86, 88, 101, 102, 129, 142, 152

【て】

適正手続・・・・・・・・・・・・・・・・・・・2, 100

【と】

特定少年・・・・・・・12, 13, 18, 25, 30, 35, 45, 58, 113, 118, 120, 126, 167, 168, 169, 170

特定少年に対する少年院送致・・・116

特定少年に対する保護観察・・・・・115

特定少年の保護処分・・・・・・・・・・・114

特別抗告・・・・・・・・・・・・・・・・・84, 124

特別更新・・・・・・・・・・・・・・・・・・・・・82

取扱いの分離・・・・・・・・・・・・・・・・・43

【ね】

年長少年・・・・・・・・・・・・・・・・・・・7, 17

【は】

犯罪少年・・・・・・・19, 27, 30, 37, 50, 75, 89, 130, 133, 139, 144, 145

## 【ひ】

被害者等に対する説明‥‥‥143, 147

被害者等に対する配慮‥‥‥‥10, 132

被害者等による記録の
　閲覧及び謄写‥‥‥‥‥‥‥10, 132

被害者等による少年審
　判の傍聴‥‥‥‥‥‥‥‥27, 139, 147

被害者等の申出による
　意見の聴取‥‥‥‥‥‥10, 132, 136

非公開‥‥‥‥‥45, 79, 99, 139, 145,
147

非行事実‥‥‥‥‥82, 84, 85, 94, 105,
108, 129, 146

微罪処分‥‥‥‥‥‥6, 38, 58, 62, 63

秘密保持‥‥‥‥‥‥‥‥‥‥‥‥‥45

## 【ふ】

福祉的機能‥‥‥‥‥‥‥‥‥5, 6, 15

不処分‥‥‥‥‥‥‥‥2, 39, 77, 108

不処分決定‥‥‥67, 77, 105, 108, 129,
130

不定期刑‥‥‥‥‥155, 156, 157, 158

不定期刑の短期についての特則
‥‥‥‥‥‥‥‥‥‥‥‥‥‥‥‥159

## 【ほ】

法定代理人‥‥‥83, 129, 131, 133, 146

法的調査‥‥‥‥‥‥‥‥‥‥‥‥‥84

保護観察‥‥‥‥‥9, 15, 26, 30, 39, 109,
110, 111

保護観察官‥‥‥‥‥‥‥‥‥‥84, 109

保護司‥‥‥‥‥‥‥‥‥‥‥‥84, 109

保護者‥‥‥‥16, 21, 22, 23, 24, 25, 26,
39, 63, 66, 71, 72, 84, 87, 88, 98,
101, 102, 129, 130, 134, 142, 152

保護処分‥‥‥‥14, 19, 37, 76, 109, 129,
146

保護的措置‥‥‥15, 39, 41, 67, 85, 108

保護不適‥‥‥‥‥‥‥‥‥74, 124, 125

保護不能‥‥‥‥‥‥‥‥‥‥‥74, 124

保護優先主義‥‥‥‥‥3, 5, 36, 38, 130

## 【よ】

要保護少年‥‥‥‥‥‥‥‥‥‥‥41, 68

要保護性‥‥‥‥84, 87, 92, 94, 102, 108

呼出し‥‥‥‥‥‥‥‥26, 70, 84, 87, 88

〔編著者〕

河村　博　弁護士
　　　（元名古屋高等検察庁検事長、
　　　元同志社大学法学部、法学研究
　　　科教授）

〔第四版（令和5年6月）発行時執筆者〕
玉本将之　前法務省刑事局参事官
　　　　（現東京地方検察庁立川支部副
　　　　部長）
北原直樹　前法務省刑事局付
　　　　（現東京地方裁判所判事）

〔第三版（平成26年11月）発行時執筆者〕
飯島　泰　法務省刑事局公安課長
欄　清隆　法務省刑事局付
松本英男　前法務省刑事局付

〔初版（平成14年7月）発行時執筆者〕
　　　　※所属・役職等は当時のもの
河村　博　法務省大臣官房審議官
　　　　（刑事局担当）
甲斐行夫　法務省刑事局参事官
飯島　泰　法務省刑事局付
加藤俊治　法務省刑事局付
鎌田隆志　前法務省刑事局付

# 少 年 法　〔第四版〕
## —その動向と実務—

平成21年7月10日　改 訂 版 発 行
平成26年11月1日　第 三 版 発 行
令和5年7月15日　第 四 版 発 行

編　著　河　村　　　博
発行者　星　沢　卓　也
発行所　東京法令出版株式会社

112-0002　東京都文京区小石川5丁目17番3号　03(5803)3304
534-0024　大阪市都島区東野田町1丁目17番12号　06(6355)5226
062-0902　札幌市豊平区豊平2条5丁目1番27号　011(822)8811
980-0012　仙台市青葉区錦町1丁目1番10号　022(216)5871
460-0003　名古屋市中区錦1丁目6番34号　052(218)5552
730-0005　広島市中区西白島町11番9号　082(212)0888
810-0011　福岡市中央区高砂2丁目13番22号　092(533)1588
380-8688　長野市南千歳町1005番地
　　　　〔営業〕TEL 026(224)5411　FAX 026(224)5419
　　　　〔編集〕TEL 026(224)5412　FAX 026(224)5439
　　　　https://www.tokyo-horei.co.jp/

ISBN978-4-8090-1463-5